Lisbeth Haase

Katharina von Bora, Luthers Morgenstern zu Wittenberg

Edition Anker

ABCteam-Bücher erscheinen in folgenden Verlagen:
Aussaat Verlag Neukirchen-Vluyn
R. Brockhaus Verlag Wuppertal und Zürich
Brunnen Verlag Gießen und Basel
Christliches Verlagshaus Stuttgart
Oncken Verlag Wuppertal und Kassel

Die Deutsche Bibliothek – CIP-Einheitsaufnahme

Haase, Lisbeth:
Katharina von Bora, Luthers Morgenstern zu Wittenberg / Lisbeth
Haase. - Stuttgart : Ed. Anker, 1999
    (Ed. Anker : Biographie)
    ISBN 3-7675-1172-X

© 1999 Edition Anker im Christlichen Verlagshaus GmbH, Stuttgart
Umschlaggestaltung: Dieter Betz, Friolzheim
unter Verwendung eines Fotos aus dem Archiv für Kunst
und Geschichte (AKG), Berlin
Gemälde von Lucas Cranach d. Ä., um 1526. Berlin, SMPK,
Bodemuseum.
Gesamtherstellung: Druckhaus West GmbH, Stuttgart
ISBN 3-7675-1172-X

Inhalt

Katharina von Bora
Kupferstich von J. Balzer nach einer Zeichnung von Pechwell.
© Bildarchiv Preussischer Kulturbesitz, Berlin, 1998

Vorwort

Zum 500. Geburtstag von Katharina von Bora erscheint dieses Büchlein.

Am 29. Januar 1499, gerade noch vor Beginn der Neuzeit, wurde sie geboren.

Das 16. Jahrhundert brachte umwälzende Erneuerungen im geistigen, religiösen, im sozialen und politischen Bereich. Vieles brach auf, vieles wurde reformiert. Für Frauen gab es zwei Möglichkeiten, ein gesellschaftlich anerkanntes Leben zu führen: Einerseits das Kloster, der Ort der Erziehung, Bildung und Geborgenheit für junge Mädchen – andererseits der Stand der Ehefrau, die im Ansehen der Welt niedriger stand, weil Sexualität etwas mit Sünde zu tun hatte.

Der Reformator Doktor Martin Luther heiratete – nicht gerade zum Jubel seiner Freunde und Mitstreiter – die entlaufene Nonne Katharina von Bora. Er machte sie zu seiner Ehefrau, zur sechsfachen Mutter und zur Pfarrfrau.

Katharina entwickelte sich zu einer außergewöhnlichen Frauengestalt und ging als solche in die Geschichte ein. Ihr Austritt aus dem Kloster und ihr Eintritt in die Ehe mit dem unter Bann und Acht stehenden Martin Luther zeugt von viel Mut, Kraft und Selbstbewusstsein.

Katharina, die Frau an Luthers Seite, lebte nicht in seinem Schatten. Ihrer Tatkraft war es zu verdanken, dass Licht in das Schwarze Kloster kam. Im Miteinander von Martin und Katharina entstand dort der geliebte und bald berühmte Treffpunkt für gelehrte Theologen, für Interessierte, für Sucher, für Flüchtlinge und Neugierige.

7

Über zwei Jahrzehnte waren die beiden miteinander verheiratet. Martin Luther wie auch Katharina sind nur in ihrem Zusammenleben richtig zu verstehen, in beider Eigenständigkeit, in ihrer Auseinandersetzung und in ihrem Lieben. Natürlich wäre Luther als Reformator und Erneuerer der Kirche auch ohne Heirat denkbar gewesen. Sein Werk war auch schon vor seiner Ehe angelegt. Aber es bekommt durch seine Ehe, die Familie und das lebendige Pfarrhaus mehr Wärme, eine breitere Basis und Vorbildcharakter.

Tapfer ging Katharina mit Verleumdungen, Geldsorgen und Krankheiten um. Der Mann an ihrer Seite hatte es gut durch sie. Katharina war ihm auch eine intelligente und eigenständige Gesprächspartnerin. Neben den reformatorischen Gedanken mögen für Katharina die soziale und bildungsmäßige Situation der Frauen in der aufbrechenden Neuzeit drängende Gesprächsimpulse gewesen sein.

Nur weniges ist von Katharina authentisch ermittelt. Ihre vielen Briefe an Martin Luther sind verloren gegangen. Viele Frauen bis fast in unsere heutige Zeit teilen ihr »Schicksal«, dass sie zumeist über den Mann »definiert« werden. Doch Informationen über Katharina geben auch Freunde oder Feinde, die über sie schrieben. Zu Katharinas Freunden gehörte ihr Ehemann Martin Luther, aber auch der große Maler Lukas Cranach. Cranach war ein besonderer Glücksfall für die Reformationszeit und für beide Luthers. Er hat beide viele Male porträtiert. Durch ihn wissen wir, wie Katharina aussah.

Die Feinde gaben ihrem Unmut über die entlaufene Nonne Ausdruck durch Ablehnung, durch Schmähschriften und böswillige Karikaturen über die Eheschließung von Katharina und Martin.

Über Luther ist vieles übermittelt. Großes, Gutes und Anstößiges wird in unzähligen Schriften über ihn und von ihm gesagt. Aus ihnen, aber auch aus seinen vielen Briefen an Katharina ist über deren Tatkraft und Wesensart zu lesen.

1983 wurde der 500. Geburtstag von Martin Luther gefeiert. Seiner Bedeutung gemäß wurde in Nürnberg eine Ausstellung vom Germanischen Nationalmuseum veranstaltet in Zusammenarbeit mit dem Verein für Reformationsgeschichte. Im sehr informativen und umfangreichen Katalog dazu ist auch der letzte im Autograph erhaltene Brief Luthers an seine Frau aus Eisleben am 7. Februar 1546 (S. 435) angeführt.

Mit diesem zehn Tage vor seinem Tod geschriebenen Brief geht er auf ein nicht mehr vorhandenes Schreiben Katharinas ein. Verständlicherweise macht sie sich wohl Sorgen um den von Krankheit belasteten Martin, dessen Leiden durch die anstrengende Reise verstärkt wurde.

»Liese du, liebe Kethe, den Johannem (das Johannes-Evangelium) und den kleinen Catechismum, Dauon du Zu dem mal sagtest (von dem Du früher einmal sagtest): Es ist doch alles ynn dem buch von mir gesagt. Denn du wilt sorgen für deinen Gott (anstelle Deines Gottes) gerade als were er nicht allmechtig, der da kundte Zehen (könnte zehn) Doctor Martinus schaffen ...

Las mich zu frieden mit deiner Sorge, Ich hab einen bessern sorger, denn du und alle Engel sind, der ligt ynn der krippen und henget an einer Jungfrawen Zitzen, Aber sitzet gleich wol Zur rechten hand Gottes des allmechtigen Vaters, Darumb sey zu frieden, Amen.«

Pest, Tod und neues Leben (1527)

Erschöpft, aber glücklich hält Katharina ihr Neugeborenes im Arm. Es ist ihr zweites Kind. Elisabeth soll es heißen. Ein gesundes Kind nach dieser schrecklichen, todbringenden Pestzeit!

„Gott, ich danke dir für all deine Bewahrung. Wir sind gesund, Martinus, unser kleines Hänschen, Muhme Lene und ich mit der kleinen Elisabeth."

Es waren grausame Wochen nach diesem heißen Sommer 1527. Die Pestglocke läutete. Viele Wittenberger Bürger flohen aus der Stadt. Martinus fühlte sich verpflichtet, im Schwarzen Kloster zu bleiben. So blieb auch die schwangere Katharina und ihr einjähriges Hänschen dort. „Leichtsinn", meinten Freunde und drängten sie, ebenfalls Wittenberg zu verlassen.

Die Menschen gingen sich in den engen Gassen und Straßen aus dem Wege. Nur keine Berührung! Mütter beobachteten angstvoll ihre Kinder. War da etwa schon eine todbringende Verdickung in der Leistengegend oder Achselhöhle? Die Pest kam zu allen, zu den Bauern, zu den Handwerkern und in die Paläste der Reichen.

Und die Pest kam auch ins Schwarze Kloster, dem Domizil von Katharina und Martinus Luther. Ein Student von Martinus lag als erster mit Schüttelfrost und Fieber im Bett. Mit den auftretenden Pestbeulen kamen die Schmerzen und die Todesangst. Muhme Lene und Katharina waren ständig um den jungen Mann bemüht. Muhme Lene war so erfahren in der Zubereitung von heilenden Kräutersuds und Cremes. Immer wieder legten die beiden frische Leinentücher, die mit Kräutersud befeuchtet waren, auf die auftretenden Beulen oder bestreuten sie mit kühlendem Pulver aus zerriebenen Samen. Die eitrigen Beulen dürfen nicht aufplatzen. Die Heilungschancen sind dann etwas größer.

Der Hausarzt Doktor Schurff war sprachlos, als er merkte, dass sich die Verdickungen zurückbildeten. Der Student wurde gesund. Wie ein Lauffeuer ging es durch die Stadt. „Ein Wunder. Im Schwarzen Kloster ist ein Pestkranker geheilt worden!"

Es war wohl wirklich ein Wunder. Eine Wiederholung gab es nicht in Luthers Haus. Es erkrankten noch einige von Luthers Studenten, die seit Wochen im Haus lebten. Für Muhme Lene und die schwangere Katharina gab es keine Erholungspause. Aber auch Martinus half rührend in der Pflege, ganz nach den Anweisungen von Muhme Lene. Doch die jungen Menschen und auch zwei Mägde fielen trotz bester Versorgung der Pest zum Opfer. Im Schwarzen Kloster wurden noch andere Pestkranke gepflegt, die die Wittenberger in der Hoffnung auf Heilung an diesen Ort brachten. Überall starben die Menschen, in den Buden und Häusern und auch im Schwarzen Kloster. Durch die Gassen fuhren die Pestkarren und sammelten die Toten ein. Ordentliche Begräbnisse gab es nicht mehr. Am Rande des Friedhofs wurden große Gruben ausgehoben, die als Sammelgräber dienten.

Im Schwarzen Kloster arbeiteten Katharina, Muhme Lene und auch Martinus bis an den Rand ihrer Kräfte. Muhme Lene destillierte immer neue Säfte und kochte Kräutersuds. Katharina und Martinus flößten den Kranken Saft und stärkende Suppe ein. Dazu wechselte Katharina pausenlos Tücher. Aber die eitrigen Beulen platzten trotzdem auf.

Die Menschen starben. In dem diesigen Herbstwetter

hatte jeder das Gefühl, die Pestwolke habe sich wie eine Haube über die Stadt gelegt.

Als auch Hänschen Schüttelfrost und leichtes Fieber bekam, herrschte Hochalarm. In stummen und lauten Gebeten und mit liebevoller Zuwendung wurde um seine Wiedergesundung gerungen. Die gefürchteten Verdickungen in der Leistengegend blieben aus. Hänschen erholte sich wieder.

Im Dezember 1527 verstummt die Pestglocke. Kein Beulenkranker ist mehr da. Wittenberg atmet auf. Die ersten Bürger kehren zurück.

***

Ja, und mit dem Frieden kommt Katharinas zweites Kind auf die Welt. Ein paar Tage Ruhe kann sie sich nun gönnen. Es tut ihr so gut. Martinus steht an ihrem Bett und ist ganz närrisch vor Freude über sein kleines Töchterlein. Vor zwei Wochen noch den Tod vor Augen und jetzt neues Leben!

Die Kunde kommt, dass auch Walpurga Bugenhagen, die Frau des Stadtpfarrers, einen kleinen Sohn geboren hat. Sie war gerade wieder in die Stadt zurückgekehrt, als die Wehen einsetzten, ein paar Wochen vor der Zeit.

Das ist eine Freude! Katharina ist mit Walpurga eng befreundet. Schon ein paar Tage nach der Geburt macht sie sich mit Hänschen und der kleinen Elisabeth zu einem Besuch bei Bugenhagens auf. Glück, Seligkeit und Wiedersehensfreude herrschen im Zimmer der Walpurga, die noch etwas geschwächt von der Geburt im Bett liegt. Die beiden Säuglinge werden liebkost und verglichen. Die zwei anderen Kinder Walpurgas und Hänschen spielen in einer Ecke mit Kastanien. Schließlich erscheint auch noch Katharina Jonas mit ihren beiden Kindern. Auch sie hatte

Wittenberg verlassen. Die Wiedersehensfreude ist allerseits groß. Gott hat ihnen Leben geschenkt. Niemand aus den drei Familien ist aus dem Leben gerissen worden.

Katharina bleibt nicht lange. Sie will weder sich noch Walpurga überanstrengen. Aber die Freude steht beiden Wöchnerinnen im Gesicht geschrieben. Sie haben gesunde Kinder geboren, und das Wissen um ihre Freundschaft stärkt sie.

Langsam geht Katharina mit ihren beiden Kindern über den Marktplatz. Die lange geschlossenen Fenster der Häuser öffnen sich wieder. Leben kehrt in die Stadt zurück.

Katharina überströmt ein Glücksgefühl. Sie ist gern in Wittenberg, obwohl ihr manche Bewohner der Stadt das Einleben nicht leicht gemacht haben. Aber sie hat hier unter den Frauen von Luthers Mitstreitern und Freunden gute und starke Freundinnen. Sie liebt sie alle. Walpurga Bugenhagen und Katharina Jonas, die Frau des Schlosspropstes, dazu Barbara Cranach, die noch nicht wieder nach Wittenberg zurückgekehrt ist.

Nur mit ihrer Nachbarin Katharina Melanchthon ist sie noch nicht recht warm geworden. Das mag wohl daran liegen, dass Philippus Melanchthon sich anfangs entschieden gegen eine Eheschließung Luthers gestellt hat. Mit Philippus ist die Lutherin zwar jetzt längst befreundet, aber seine Frau, eine geborene Patriziertochter aus Wittenberg, weicht ihr noch aus.

Im Schwarzen Kloster wartet Muhme Lene schon auf die kleine Familie. Sie nimmt ihr liebevoll Hänschen und Elisabeth ab. Katharina wäscht sich, holt die frischgewickelte, schreiende Elisabeth, legt sich wieder zurück ins Bett und gibt dem hungrigen Säugling die Brust.

Warme Gefühle steigen in ihr auf. Auch ihre Mutter

muss diese wohlige und mit Liebe erfüllte Zeit mit ihr erlebt haben. Schade, dass sie so früh gestorben ist. Katharina kann sich nicht mehr an sie erinnern.

Während ihr Neugeborenes an ihrer Brust liegt, denkt Katharina an die vergangene Zeit.

Rückblick auf die Kindheit

Katharina wurde am 29. Januar 1499 im sächsischen Lippendorf, südlich von Leipzig, geboren. Die Adelsfamilie von Bora war verarmt und musste ihr Rittergut verkaufen. Die von Boras zogen sich auf das kleine Gut Zülsdorf zurück.

Als sie vier Jahre alt war, starb ihre Mutter. Ihr Vater heiratete wieder. Katharina kam zur Erziehung in das Benediktinerinnen-Kloster Brehna. Hier lernte sie Latein, Lesen und Schreiben.

Wie schmerzvoll war es für das kleine Mädchen, erst die Mutter zu verlieren, dann das Vaterhaus. Ihre Brüder konnten auf Gut Zülsdorf, derer von Bora, bleiben.

Die heimwehkranke Katharina schloss in Brehna Freundschaft mit einem kleinen Mädchen, das sie gleich bei der Ankunft tröstete.

Katharina kann sich noch gut an ihren großen Kummer erinnern, als ihr Vater sie mit kaum zehn Jahren in das Zisterzienserinnen-Kloster Marienthron in Nimbschen gab. Wieder wurde sie von einem ihr lieb gewordenen Menschen getrennt.

14

Der verarmte von Bora konnte dem Kloster nicht viel Mitgift für seine Tochter zahlen. Aber in Marienthron waren noch zwei Verwandte derer von Bora. Die Äbtissin war eine Verwandte ihrer verstorbenen Mutter. Und da war noch Vaters Schwester, die Siechenmeisterin Schwester Magdalene, die der Kräuterküche und der kleinen Apotheke vorstand. Vater von Bora dachte wohl, dass seine Tochter bei ihr in guten Händen war. Doch verwandtschaftliche Beziehungen sollten und durften unter den Nonnen nicht gepflegt werden. Nur manchmal spürte Katharina, dass in für sie besonders notvollen oder traurigen Augenblicken plötzlich Schwester Magdalene auftauchte. Durch eine kleine Aufgabe in der Apotheke oder im Kräutergarten und ein aufmunterndes Wort wurde ihr Kummer kleiner.

Ach, Schwester Magdalene, die spätere gute Muhme Lene! Was war sie für ein Engel und welch ein großer Schatz ist sie nun für das Schwarze Kloster mit all seinen Bewohnern!

Rückblick auf die Klosterzeit

Das Klosterleben war für Katharina eine harte Zeit. Sie litt unter der strengen Zucht und Ordnung. Sie hasste das lange Schweigenmüssen, und noch heute überkommt sie ein Frösteln, wenn sie an die Unterdrückung auch der kleinsten Gefühlsregungen denkt.

Aber ohne diese harte Erziehung und die dort erhaltene Bildung wäre sie wohl nie die Lutherin geworden. Eine

15

unwissende, mittellose Adlige hätte niemand gern als Ehefrau genommen, und gute Lehrer konnte ein verarmter Adel nicht bezahlen. Wie froh ist Katharina jetzt, dass sie zu ihrem angeborenen Menschenverstand Wissen vermittelt bekam und nun auch das Lateinische beherrscht! So kann sie die beeindruckenden Tischgespräche in ihrem Haus verfolgen und sich sogar in die Diskussion einbringen. Ja, vieles Üble oder Bedrängende kehrt sich später zum Guten. Das muss sich Katharina ehrlicherweise eingestehen.

Schon immer konnte sie sich schlecht unterordnen. Damals im Kloster rebellierte sie, aber auch im Schwarzen Kloster sagt sie offen ihre Meinung. Martinus spöttelt dann und nennt sie „Herr Käthe" oder „Domina".

Ein überreiches Leben hat Katharina jetzt in Wittenberg. Viel Arbeit und Last, aber auch viel Freude, viel Geborgenheit und Glück.

Auch im Kloster Marienthron versuchte die junge Nonne, ein Stück Glück und Geborgenheit für sich hinüber zu retten.

Geschickt hatte sie es eingerichtet, dass in ihre Zelle die anmutige Ave von Schönfeld kommen konnte. Sie war zusammen mit ihrer Schwester Margarethe von Schönfeld nach Nimbschen gekommen. Katharina fühlte sich sofort zu Ave hingezogen. Die beiden verstanden sich bald auch ohne Worte prächtig. Heimlich schlüpften sie zusammen in ein Bett. Die Wärme der anderen war für beide wichtig, vielleicht überlebenswichtig in dem kalten Kloster.

Ihr Tun war natürlich verboten. Auch war das Reden weitgehend untersagt. Bei Übertretungen gab es garstige Strafen. Wie oft musste Katharina stundenlang in einem dunklen, leeren, eisigkalten Raum Bußübungen machen.

Da gab es nichts außer dem kalten Steinfußboden und beängstigender Dunkelheit.

Noch jetzt wird Katharina zuweilen von Alpträumen geplagt. Der kalte Steinfußboden und die Dunkelheit lassen sie im Schlaf erzittern. Mit Schüttelfrost erwacht sie dann.

Vieles gab es, das im Kloster zu beachten war. Die Kantorin übte mit ihnen die Gesänge für das tägliche siebenmalige Stundengebet im Kloster und für die Messe ein. Die Novizenmeisterin lehrte die Schülerinnen das akkurate Anbringen des schwarzen Schleiers und das richtige Schreiten in der weißen Kutte. Sie alle sollten würdige Himmelsbräute werden, in Demut auf den Bräutigam wartend. Das Kloster in Nimbschen war der Gottesmutter geweiht. Sie war das große Vorbild.

Natürlich lernte Katharina auch praktische Dinge im Kloster. Nicht gerade mit Freuden ging sie damals an manche Haus- oder Gartenarbeit. Aber als Frau von Martinus Luther und als Domina solch eines großen Wirtschaftsbetriebes kommt ihr das alles jetzt zugute. Ja, rückblickend ist Katharina sogar dankbar dafür. Wo nur hätte sie sonst lernen sollen, die riesigen Braten so köstlich zuzubereiten, das Brot so knusprig zu backen und das Bier selbst zu brauen? Durch die Arbeit im Kloster kennt sie die Grundlagen der Vorratswirtschaft: das Trocknen der Früchte oder das Einlegen in Honigsirup, das Füllen der Fässer mit Salzfleisch.

Katharina war schon über zwanzig Jahre alt, als sie mit reformatorischen Gedanken konfrontiert wurde. Sie weiß nicht mehr genau, wann die ersten Schriften von Martinus Luther ins Kloster drangen. Anfänglich waren es wohl nur Traktate, die zum Teil von anderen stammten, oder thesenartig zusammengezogene Aussagen von Luther. Vielleicht wurden diese Flugblätter eng zusammengefaltet durch das Besuchsgitter geschoben oder in den Säcken mit Gerste oder Hopfen verborgen oder zwischen Kohl und Rüben hineingeschmuggelt. Immer wieder tauchten neue, oft sehr zerknitterte Papiere auf. Insgeheim wurde im Kloster leise darüber diskutiert. Da gefiel den Schwestern manches. Viele hatten trotz Bußübungen und Sakramenten keinen wirklichen Frieden gefunden. Der Mönch Martinus Luther schien etwas von der Seelenangst zu wissen. Er schrieb über Fasten und vorgeschriebenes Beten und bezweifelte den Nutzen zur Überwindung der Angst. Und er brachte ihnen einen liebenden Gott voller Wärme anstatt eines strafenden Gottes.

Welch ein Geschenk, dass innerhalb der Nonnenschar, trotz hunderter von Ordnungen und Redeverbotszeiten, sich neun junge Schwestern zusammenfinden konnten, die das Kloster verlassen wollten. Martin Luthers Gedanken und seine Schrift „Von der Freiheit eines Christenmenschen" hatten sie geradezu euphorisch werden lassen. Briefe an die Verwandtschaft wurden geschrieben mit der Bitte um Wiederaufnahme im Familienkreis. Kaum eine bekam jedoch Antwort.

Katharina kann sich nicht mehr erinnern, wie der Plan entstand, aus Marienthron zu fliehen. Da war der nette Kaufmann aus Torgau, der einmal in der Woche Fisch, Öl und Hirse brachte. Im Flüsterton hatten die Neun erfahren, dass dieser Kaufmann Koppe sie aus dem Kloster hinausschmuggeln würde. Wenn Katharina davon erzählt, bekommt ihre Stimme noch heute einen erregten Klang.

Die Spannung unter den neun jungen Nonnen war ungeheuer groß. Der Ratsherr und Kaufmann Leonhard Koppe schien die Ruhe selbst zu sein, als er die verängstigten und verschüchterten Schwestern zwischen den Säcken

18

und den Heringstonnen in seinem Wagen versteckte. Solchen Fluchthelfern drohte eine hohe Strafe.

Angst oder Unsicherheit war Koppe jedoch nicht anzumerken. Koppe brachte seine seltsame Fracht erst einmal nach Torgau, wo seine Mutter einige Kleidungsstücke an die ängstlich kichernden Frauen gab. Doch unsicher wie sie waren, behielten sie die Kutte vorerst an. Dann trabte das Pferd mit der Fuhre voll Schwarzbeschleierter nach Wittenberg. Hier wusste man von der Flucht. Für die Unterbringung der Mädchen in Familien war bereits gesorgt.

Rückblick auf die Freiheit in Wittenberg

In dieser ihnen unbekannten, weltlichen Umgebung bewegten sich die Nonnen verschüchtert und linkisch. Die Gastgeberinnen versorgten sie mit weltlicher Kleidung. In der Nonnentracht konnten sie kaum aus dem Haus gehen. Aber auch die kurzen Haarstoppeln bereiteten ihnen Probleme. Mit Kräutersäften versuchten die jungen Frauen, den Haarwuchs zu beschleunigen.

Als sie dann mit ihren Hausfrauen zögerlich auf dem Markt erschienen, stellten sie fest, dass ganz Wittenberg von den geflohenen Nonnen wusste. Längst nicht alle begegneten ihnen freundlich. Da gab es auch böse Worte und demütigende Spottverse.

Wie sollte es mit den jungen Frauen weitergehen?

Nur wenige von ihnen kehrten zu ihrer Familie zurück. Den anderen blieb als einzige Möglichkeit eine Heirat.

Martinus Luther und seine vielen Freunde bemühten sich eifrig darum, Heiratskandidaten zu finden.

Katharina und ihre Freundin Ave von Schönfeld waren im Haus des berühmten Malers Lucas Cranach und seiner Frau Barbara untergebracht. Die beiden fühlten sich dort sehr wohl; obwohl sie natürlich wussten, dass dieser Aufenthalt nicht von Dauer sein konnte. Die Cranachs waren beide sehr verständnisvolle und liebenswerte Menschen. Ave half Frau Barbara meistens in der Apotheke. Katharina ging ihr in Küche und Haus zur Hand. Es war ein wohlhabendes Haus. Küche und Keller waren gut gefüllt. Katharina mochte gar nicht erzählen, dass dies alles so auch im Kloster Marienthron vorrätig war. Irgendwie war es ihr peinlich, von dem Wohlstand des Klosters zu berichten. Manchmal half Katharina auch ihrer Freundin Ave beim Pulverisieren von Gewürzen im Mörser. Der junge Arzt Basilius Axt machte sich häufiger in der Apotheke zu schaffen. Er hatte bald nur noch Augen für Ave. Und Ave mochte ihn.

Auch Katharina lernte Gefühle kennen, die sie nie geahnt hätte. Der Patriziersohn Hieronymus Baumgärtner aus Nürnberg, ein Student von Luther und Melanchthon, war ihr zugetan. Die beiden verliebten sich ineinander. Hieronymus wollte sie heiraten. Er fuhr nach Hause, um seine Eltern um Erlaubnis für diese Heirat zu bitten.

Eine schwere Zeit begann für Katharina. Hieronymus ließ nichts von sich hören, und sie wartete doch so sehnsüchtig auf Nachricht!

Ab und zu saß Martinus Luther bei Lucas Cranach in eifrigem Gespräch mit seinem Professorenkollegen Philippus Melanchthon und mit dem Stadtpfarrer Johannes Bugenhagen zusammen. Katharina war bewegt, den großen Martinus in nächster Nähe zu erleben! Aber auch die anderen waren bekannte Leute. Manchmal saß in ihrer Runde auch der Schlosspropst Justus Jonas. Wie kam es nur, dass so viele hochgelehrte Männer hier in Wittenberg lebten? Lucas Cranach gab ihr die Antwort. Der Kurfürst Friedrich der Weise von Sachsen hatte bedeutende Gelehrte und Künstler an seine neugegründete Universität in Wittenberg gerufen. Er selbst sei schon im Jahr 1505 als Hofmaler von ihm hierher geholt worden.

Die Zeit verging. Ave heiratete ihren Doktor Axt. Auch andere waren schon Ehefrauen.

Nach einiger Zeit, die Katharina endlos erschien, erklärte ihr Lucas Cranach ganz behutsam, dass Hieronymus nicht mehr zurückkommen würde. Sein Vater hätte ihm die Heirat mit einer entflohenen Nonne verboten.

Katharina war nahe am Zusammenbrechen. Deutlich spürte sie die Aussichtslosigkeit ihrer Situation: Sie war besitzlos und unrechtmäßig aus dem Kloster gekommen. War Hieronymus so schwach? Er hatte doch auch diese starken Gefühle gespürt wie sie. Aber die Einwilligung des Vaters war wichtig, wie sie später noch erfahren sollte.

Ab und zu schickte Barbara Cranach sie mit einem kalten Braten, frisch gebackenem Brot und frischem Leinenzeug ins Schwarze Kloster. Dort lebte Martin Luther ganz allein mit einem Mann, der ihm zur Hand ging. Alle Klosterbrüder hatten das Haus verlassen. Zuletzt auch sein Beichtvater und Prior, Johann von Staupitz, der in das noch bestehende Benediktinerkloster in Salzburg übergesiedelt war.

Katharina war ganz erstaunt, in welcher Armut der große Reformator lebte. Das Kloster war ein verrotteter, alter Bau und nur ärmlich eingerichtet. Martin Luther schien sehr genügsam zu sein. Seine Bettstatt war in unwürdigem Zustand, wie sie beim Auswechseln der Wäsche feststellte.

Luther fühlte sich verantwortlich für die neun Nonnen, die mit Hilfe seines Freundes Koppe aus dem Kloster herausgeschmuggelt worden waren. Nun waren sie alle unter der Hausfrauenhaube, nur noch nicht Katharina von Bora. Schließlich gewann man für sie den Rektor der Wittenberger Universität, Doktor Caspar Glatz.

Katharina gab sich spröde und wohl auch etwas arrogant. Noch nagte die Verletzung an ihr, dass Hieronymus Baumgärtner sie trotz Eheversprechens nicht genommen hatte. Nun suchten andere für sie einen Ehepartner aus. Im Umgang mit Hieronymus hatte sie die Liebe gespürt, das Prickeln in ihrem Bauch bemerkt. Und nun bestimmten andere für sie. Selbstbewusst, aber auch schnippisch reagierte sie. „Den Doktor Glatz nehme ich nicht. Dann soll es eher Martinus Luther selber sein. Ja, den würde ich nehmen."

Das Wort nahm wohl die Runde. Luther wollte ja nicht heiraten. Noch Anfang 1525 hatte er gesagt, dass er nicht beabsichtige, ein Weib zu nehmen. Er sei zwar ein Mann aus Fleisch und Blut, kein Holzklotz oder Stein. Aber täglich erwarte er, als Ketzer den Tod zu finden. Außerdem fühlte sich Luther mit seinen 42 Jahren zum Heiraten zu alt. Er spürte Todesnähe durch körperliche Krankheit und durch Verfolgungen seiner Feinde.

Zu aller Überraschung geschah es dann doch: Im Juni 1525 heirateten Doktor Martinus Luther und Katharina von Bora, der langjährige Mönch und die entlaufene Nonne.

Luther hatte vorher seinen Vater um Heiratserlaubnis gebeten und von Katharina erzählt. Vater Hans war überglücklich. Er wollte ja nie, dass sein hochbegabter Sohn

22

Mönch wurde. Zu seinem Kummer waren seine beiden anderen Söhne bereits gestorben. Jetzt konnte Vater Hans sich doch noch auf Enkel freuen.

Der Zeitpunkt der Eheschließung war nicht gut gewählt. Feinde und Freunde Luthers sahen das gleichermaßen so. Der Bauernkrieg war noch nicht abgeklungen. In den zerstörten und noch qualmenden Dörfern herrschte Unruhe.

Doch nachdem Martin Luther sich entschlossen hatte, eine Ehe einzugehen, wollte er nichts hinausschieben. Der Papst würde sich gründlich ärgern. Die Engel im Himmel würden sich freuen und die Teufel jammern, war seine Meinung. Er war überzeugt, dass auch diese Heirat ein Zeugnis für das Evangelium sei. Seine Bewunderin, die tapfere Protestantin Argula von Grumbach, hatte ihn längst gedrängt, sein Zeugnis durch eine Heirat zu besiegeln.

So wurde dieser Eheentschluss für Luther mehr ein Bekenntnis und für Katharina mehr eine Sache der Vernunft. War es Berechnung oder Verehrung und Bewunderung für diesen unerschrockenen Mann? Martinus war stattlich und gut aussehend. Nur wenige Male hatte Katharina ihn in der Mönchskutte gesehen. Seit sein alter Prior Johann von Staupitz ihn im letzten Jahr von seinen Gelübden entbunden hatte, lief er mit forschen Schritten im ansehnlichen Professorenmantel durch die Straßen der Stadt.

Am 13. Juni 1525 wurde die Ehe im Beisein der Zeugen vollzogen. In dem dämmerigen Raum gab es nur etwas Kerzenlicht und auf dem Bett zwei nicht mehr ganz junge Menschen, die einstmals das Keuschheitsgelübde abgelegt hatten. Seit dem Verlassen des Klosters hatten sie es noch nicht gebrochen. Sie waren unerfahren in der Sexualität

und in der Liebe. Katharina hatte wenigstens die Verliebt-
heit schon kennengelernt. Sie hatte das Sehnen und Drän-
gen während des kurzen Zusammenseins mit Hieronymus
Baumgärtner erfahren. Sie wusste um die Geheimnisse
des Liebeslebens, weil sie die Praktischere war und mit
offenen Augen durch die Welt ging. So war es an ihr, Martinus scheu und behutsam zu führen.

Vierzehn Tage später wurde offiziell die Hochzeit gefeiert. Luthers alter Freund, der Stadtpfarrer Johannes
Bugenhagen, traute die beiden. Unter den Hochzeitsgäs-
ten waren auch die Eltern Hans und Margarethe Luther.
Beide waren überglücklich und hatten feuchten Augen.

Mit fröhlichem Pfeifenkonzert zog die Hochzeitsge-
sellschaft in das Schwarze Kloster. Ein großes Festessen
war bereitet worden. Die Freunde hatten ihre Mägde aus-
geliehen. Der Rat der Stadt hatte Rhein- und Franken-
wein gestiftet. Leonhard Koppe, der selbst nicht kommen
konnte, schickte ein großes Fass Bier.
Kurfürst Johann, der Bruder des gerade vor drei Wochen
verstorbenen Friedrich des Weisen, schenkte dem Paar
zur Hochzeit hundert Gulden. Dazu erhöhte er das Jah-
resgehalt seines Professors Martinus Luther auf zweihun-
dert Gulden.

Sogar der ,papistische' Kurfürst von Mainz, Albrecht
von Brandenburg, schickte zwanzig Gulden. Luther
wollte sie zwar nicht annehmen, doch Katharina legte sie
heimlich zur Seite. Sie würden sie schon brauchen können! Mit wachen Augen hatte sie schnell erkannt, was dem
Schwarzen Kloster alles fehlte.

Luther bekam die Erlaubnis, mit seiner Frau in dem
verlassenen Augustinerkloster zu leben. Später überließ
der Kurfürst es ganz der Familie Luther ganz und machte
es ihnen zum Geschenk.

Trauung von Martin Luther und Katharina von Bora
am 13. Juni 1525
Holzstich nach einem Gemälde von P. Thumann, um 1890
© Bildarchiv Preussischer Kulturbesitz, Berlin, 1998

Rückschau auf das Leben zu Zweit

Lange war Martinus morgens beim Aufwachen verwundert, wenn er zwei braune Zöpfe neben sich sah. Ein Weib, nein, sein Weib, lag neben ihm. Und er fand langsam Gefallen daran, dass er sein Bett mit seinem Weib teilen musste. Die Wärme im Bett war so angenehm, die lebendige Wärme ließ sein Blut pochen. Begierde erwachte von ganz allein in ihm. Allzu oft schaltete sich danach auch eine Art schlechten Gewissens ein. So lange keusch gelebt – und nun das...

Beide waren Frühaufsteher, tief geprägt von ihrem Klosterleben. Nach dem Frühstück eilte Martinus voll Arbeitseifer in sein Studierzimmer im Turm, und Katharina wusste kaum, wo anfangen in diesem kalten, unfreundlichen und verlotterten Gebäude.

Wie dankbar war sie Barbara Cranach, dass sie ihnen zur Hochzeit eine reiche Wäscheausstattung geschenkt hatte! Mit den blütenweißen Leinentüchern und Spitzenüberwürfen konnte Katharina schon etwas Freundlicheres schaffen.

Den Wolf Sieberger, Luthers Faktotum, schickte sie recht bald nach frischem Stroh für's Bett. Und das war höchste Zeit! Sie schüttelte sich geradezu vor aufkommendem Ekel, als sie sah, worauf sie die ersten Nächte gelegen hatte. Das war kein Stroh mehr, das war Strohmehl und Staub – in sicherlich mehr als 400 Nächten völlig zerrieben unter einem unruhigen Körper. Sie schob noch zwei Sträußchen getrockneten Lavendel in den Strohsack. Die Bettstatt war so schon recht frisch und ansehnlich.

Dann ging's an die Küche. Die Töpfe, Tiegel und Pfannen waren schwarz und speckig. Nun – dem konnte sie am ehesten abhelfen. Aber der Herd war in einem schlimmen Zustand! Und kein Wasserrohr führte durch die Küche.

Katharina hatte zwei starke Arme, hundert Ideen und große Pläne.

Noch im Jahr der Eheschließung brachte sie den verwilderten Garten in Ordnung und löste damit den ersten Ehekrach aus. Der alte, längst aufgegebene Klosterfriedhof war eigentlich kein Garten mehr gewesen, aber von Wüste konnte man auch nicht reden. Der Boden war fruchtbar, was das kräftige Unkraut anzeigte.

Was Katharina als erstes im Garten brauchte, war ein Brunnen. Das Grundwasser konnte hier in der Nähe der Elbauen nicht so tief liegen. Aber Martinus scheute die Geldausgabe. Wozu brauchte sie einen Brunnen? Sie waren doch bis jetzt gut ohne Brunnen ausgekommen! Katharina aber bestand darauf und blieb hart. Nur mit einem Brunnen konnte hier Gemüse ertragbringend wachsen! Erregt verteidigte sie ihr Vorhaben. Nicht minder erregt konterte Martinus.

Der Brunnen kam. Wittenberger Männer gruben den Garten um. Katharina und Wolf pflanzten Obstbäume und Beerensträucher. Martinus ließ sich von dem emsigen Treiben in der Herbstsonne anstecken und pflanzte Rosen an der Klostermauer. Seiner Gartenmeisterin musste er bald Recht geben. Der Brunnen erwies sich als praktisch und kräftesparend. Seine Rosen würden gut anwachsen.

Immer häufiger fand Martinus morgens keine zwei braunen Zöpfe mehr neben sich. Katharina war bereits leise aus dem Bett geschlichen. Ihre Arbeitsvorhaben ließen sie nicht länger schlafen. Sie musste schaffen, viel schaffen!

Martinus hörte bald Töpfe scheppern und Möbel quietschen. Dabei war es noch gar nicht richtig hell! Zuweilen warf Martinus sich einen Umhang über und ging den Geräuschen nach. Da stand Katharina mit hochrotem Kopf schiebend vor einem großen Eichentisch. Martinus half ihr. „Das ist zu schwer für dich. Das lass doch Wolf machen. – Na, aber nicht so früh am Tag!" Katharina seufzte. Wolf war so langsam. Da ging es schneller, wenn sie's selber tat. Martinus nahm sie in seine Arme. Sie spürte noch seine Bettwärme und hörte seine Worte: „Mein Morgenstern. Du bist der Morgenstern zu Wittenberg. Doch das muss nicht sein, dass du jeden Morgen vor Tagesgrauen schon herumwirtschaftest!"

„Doktor Martinus, seht Euch die Küche an! Die wird zu klein, wenn Ihr noch mehr Studiosi aufnehmt. Ich bin nicht gegen Eure Schüler. Nein, nein, das muss und soll so sein, dass ein Professor auch eine kleine Burse hat, wo seine Studiosi sich satt essen können. Wir haben hier dazu noch viel Platz, so dass auch einige bei uns wohnen können. Aber Martinus, es wird Euch nur zur Ehre dienen, wenn Ihr eine saubere, ordentliche Küche habt! Lasst uns das Refektorium der Augustinermönche zur Küche umgestalten und dazu ein paar Vorratskammern einrichten." Martinus fühlte sich überrumpelt. Er raufte sich die dunklen Haare. Doch er musste zugeben, dass er von einer Küche nicht viel verstand. Und es war schon wahr: Eine beachtliche Zahl Studiosi saß jetzt stets um den Tisch. Dabei fühlte er sich ganz wohl.

Er sagte nicht gleich nein, er sagte aber auch nicht ja.

Doch Katharina ließ die Handwerker kommen. Der lange Gewölbebau, der als Refektorium genutzt wurde, wurde zur Riesenküche mit drei Vorratskammern. Eine für Mehl, eine für Brot und eine größere für gemischte

Waren, wo zahlreiche Tonkrüge und Fässer ordentlich aufgestellt wurden. Ein großer Herd wurde gemauert. Gerätschaften aus der alten Klosterküche wurden herübergetragen, so wie der große Bratspieß und der starke Kesselhaken. Dazu noch brauchbare Kessel und Töpfe, die Wolf zu seinem großen Leidwesen mit Sand blitzblank putzen musste. Wolf brummelte ärgerlich vor sich hin. Es war so viel Unruhe und Arbeit mit der Herrin gekommen. Und außerdem, warum stand sie immer schon in aller Herrgottsfrühe auf?

Das Wichtigste für Katharina war jedoch, dass in die neue Küche eine Wasserrohrleitung gelegt wurde. Das lange und schwere Schleppen der Wasserbottiche hörte damit auf, zumal sie auch gleich für einen Abfluß des Schmutzwassers sorgte.

Die Mauern zwischen einigen Mönchszellen ließ Katharina einreißen. Sie ließ neue Wände einziehen und Treppen bauen.

Martinus zog sich vor dem Lärm immer länger in sein Studierzimmer zurück. Aber auch dieser viereckige Raum im Turm musste für eine Baumaßnahme Katharinas geräumt werden. Die recht dunkle und etwas muffig riechende Stube war ihr für ihren hochgelehrten Doktor nicht standesgemäß genug. Sie ließ ein Fenster ins Mauerwerk brechen, so dass mehr Licht eindrang und Martinus einen herrlichen Blick auf die Elbe hatte. Vor das Fenster stellte sie eine Bank. Ein Ofen wurde eingebaut und die Wände getäfelt. Das gemaserte Holz sah sehr vornehm aus. Welch ein großartiger Raum! Doch noch wohnlicher und bunter wurde alles, als alle Wände wieder voller Bücher standen. Von der Holzpracht dahinter war nur noch etwas zu ahnen.

Katharina achtete ihren Martinus stets als hochgelehrten, großen und aufrechten Mann. Aus Ehrerbietung sprach sie ihn so gern auch in der Zweisamkeit mit „Ihr" und „Euch" an und nannte ihn Doktor. Zu ihrem Standesbewusstsein gehörte es, darauf zu achten, dass Martinus stets ordentlich gekleidet war. Sie selbst trug, zumindest wenn sie aus dem Haus ging, die Tracht einer Adligen. Das stand ihr auch zu. Sie war eine von Bora! Kurz nach der Hochzeit hat sie Lucas Cranach auch so gemalt. Über den gefälteten Rock gehörte ein dunkles Samtjäckchen, dessen Miederteil eng geschnürt wurde. Den Samtkragen trug sie hoch aufgestellt, so wie man es bei Hofe tat. „Wie eine Fürstin", hörte sie manchmal hinter sich raunen. Ihr war bewusst, dass sie als stolz und hochmütig galt. Vielleicht lag das an ihrer Kleidung, vielleicht auch daran, dass sie einen Schutzschild um sich aufbaute. Denn noch immer wurde über sie als entlaufene Nonne getuschelt. Durch ihre Heirat mit dem berühmten, geschmähten und geliebten Martinus Luther geriet auch Katharina ins Rampenlicht. Den Lästerern hatte Luther das Maul stopfen wollen. Sie trieben es bald um so ärger mit Katharina. „Das Nönnlein, das auf den himmlischen Bräutigam hätte warten sollen, führt der sündige Doktor, der den niedrigsten Gelüsten frönt, auf sein Lotterbett." Oder: „Das Weibsbild aus dem Kloster hat den Wittenberger verführt. Das lernt man wohl als Nonne."

***

Trotz der ihm lästigen Baumaßnahmen und der Auseinandersetzungen darüber, ob das auch richtig und nützlic sei, lobte Martinus seine Katharina in höchsten Tönen. Sein Lieb wollte er nicht gegen ganz Frankreich und

Katharina von Bora
Gemälde von Lucas Cranach, 1526

Venedig abgeben! Und da tat er wohl gut daran. Katharina entwickelte ungeheure Fähigkeiten. So schaltete und waltete sie mit großer Sorgfalt im Brauhaus. Sie rührte, siebte, schöpfte und wies den reichlich langsamen, aber gutmütigen Wolf in diese Arbeit ein. Das Bier Katharinas mundete allen vorzüglich, besonders Martinus. Das in Wittenberg käufliche Hopfenbier wurde im Schwarzen Kloster bald verschmäht. Katharina bekam als Bierbrauerin einen guten Ruf. Dafür sorgten schon die Bauarbeiter, denen sie zum Feierabend stets einen Krug hinstellte.

Aber auch als Gärtnerin hatte sie vollen Erfolg. Wieviel Körbe mit Salat und Gemüse schleppte sie mit Wolf ins Haus! Da wurde in der Küche gehobelt und geschnitten und gehackt. Vieles kam gleich wieder auf den Tisch, anderes wurde eingesalzen oder durch die Falltür in den kühlen Keller gebracht.

Katharina war schon eine tüchtige Frau. Doch manchmal war dem Martinus ihr Herumfuhrwerken, wie er es nannte, einfach zu viel. Zumindest dann, wenn er in seiner Ruhe gestört wurde.

Martinus nahm sie noch immer ein bisschen unbeholfen in den Arm und strich ihr seltsam scheu über die Wange. Katharina hatte ihren Mann längst lieb gewonnen, und auch Martinus Gefühle für Katharina waren so warm, dass man sie nur als Liebe bezeichnen konnte.

Sie arbeiteten beide zu viel. Wieviele Klagen und Bittschriften kamen ins Schwarze Kloster, die Martinus treu beantwortete. Aber das nahm viel Zeit in Anspruch, und die Übersetzung des Alten Testaments drängte sehr. Wieviel Mühe setzten Philippus Melanchthon und er dafür ein! Manchmal rangen sie stundenlang um die Übersetzung eines einzigen Satzes, ja manchmal sogar um ein einziges Wort! Bis tief in die Nacht führte Martinus theologische Diskussionen mit seinen Freunden und Kollegen Melanchthon, Jonas und Bugenhagen.

Martinus drängte Katharina, in der Bibel zu lesen. Einmal versprach er ihr sogar Geld, wenn sie bis Ostern die ganze Bibel durchgelesen habe. Wahrscheinlich meinte er, sie damit reizen zu können; denn Geld konnte Katharina stets gebrauchen. Die Schatulle war fast immer leer. Katharina nahm sich das Bibellesen immer wieder vor. Aber ihre praktische Arbeit in Haus und Garten ließ ihr keine Zeit. Die klösterliche Erziehung hatte sie allerdings nicht über Bord geworfen. Wie viele Stoßgebete, wie viele Dankgebete und lange Bitt- und Fürbittgebete stiegen während der Arbeit aus ihrem Herzen empor!

Aus dem Kloster war sie ausgebrochen. Es war zum Lachen: In ein anderes Kloster war sie eingebrochen. Hier sprach nicht die Novizenmeisterin die Gebete, hier sprach sie Martinus, ihr Mann: des Morgens, vor und nach jeder Mahlzeit und des Abends. Und Katharina war es recht so. Wie lieb hatte sie ihren Doktor! Hier im Schwarzen Kloster fühlte sie sich geborgen. Hier fühlte sie Glück, Gebrauchtwerden, und auch Liebe meinte sie zu spüren.

Eng kuschelte sie sich im Bett an ihren Martinus. „Mein Doktor, ich liebe Euch!" Martinus Körper drängte sich warm an den ihren. „Domina, Küchenmeisterin, mein Morgenstern zu Wittenberg! Brauchst du vielleicht einen neuen Brunnen?" „Jetzt brauch' ich Euch." Und sie fühlte ihn und seine Liebe.

Einer der Tage brachte eine ganz besondere Freude. Tante Magdalene, die Siechenmeisterin aus dem Kloster Marienthron, hatte Katharinas Angebot angenommen. Sie hatte ebenfalls das Kloster verlassen und wollte jetzt mit in das Schwarze Kloster ziehen. Katharina lachte nicht, als sie sah, wie scheu und ehrerbietig die schmale

Nonne Doktor Martinus begrüßte. Sie konnte ihre Tante gut verstehen. Luther war eine solch berühmte Persönlichkeit. Ein Glücksgefühl durchströmte sie wieder: „Dieser Mann gehört zu mir und ich zu ihm."

Muhme Lene wurde der gute Geist im Schwarzen Kloster und für Katharina eine unersetzliche Stütze.

Katharina war hochschwanger. Da waren die Übernachtungsgäste und die vielen hungrigen Esser um den Mittagstisch. Und da war Martinus, dessen Gesundheit Katharina zeitweise ernstlich Sorgen machte. Sein Leib war dick und hart. Er hatte Probleme mit dem Stuhlgang, wohl auch Probleme mit dem Teufel. Des Nachts schrie er und schlug wild mit den Armen um sich. Sein Körper war schweißbedeckt. Wenn Katharina dann versuchte, ihn zu beruhigen, erzählte er ihr wirre Sachen von Dämonen und dem Teufel, von verwitweten Bauersfrauen und verwaisten Kindern. Katharina holte trockene Tücher und rieb ihn ab. Martinus machte die Augen zu und holte bald den verlorenen Schlaf nach. Sein Morgenstern stand auf und bereitete mit Muhme Lene eine helfende Mixtur gegen Martinus' Hartleibigkeit.

Martinus konnte geholfen werden. Sein Leib entspannte sich. Nur seine Alpträume über die verheerenden Bauernkriege verfolgten ihn weiter. „Gott ist nicht mein Freund", stöhnte er. Depressionen überfielen ihn, die Katharina bald zu schaffen machten.

Muhme Lene kam zur richtigen Zeit ins Schwarze Kloster. Denn bald kam noch ein anderer in die Familie: ein neuer Erdenbürger. Es war keine leichte Geburt, und Muhme Lene war für Katharina eine große Hilfe. Frau Luther, die Doktorin, gebar einen Sohn. Martinus hatte vor Glück feuchte Augen, als er Katharina dankbar und liebevoll über die heiße Stirn strich. Johannes sollte er heißen nach dem Evangelisten Johannes und nach Luthers Vater. Martinus bereitete gleich alles für die Taufe vor.

Katharina betrachtete glücklich und dankbar ihren Sohn. Gottlob, er war gesund. Sie weinte vor Erleichterung, Glück und Dankbarkeit. Was hatte sie von Feinden und Spöttern über die Geburt ihres Kindes für böse Prognosen gehört!

Nein, es hatte keine zwei Köpfe und keinen Pferdefuß! Es war ein ganz normaler Junge. In zwei Stunden würde er auch ein Christenmensch sein. Luthers Freunde Lucas Cranach und Justus Jonas, die längst auch ihre Freunde waren, würden seine Paten werden.

Großbetrieb Schwarzes Kloster

Katharinas kleine Zweitgeborene ist an ihrer Brust eingeschlafen. Sie ist satt. Katharina erhebt sich von ihrem Lager. Lange genug hat sie mit ihren Gedanken in der Vergangenheit geweilt. Das schreckliche Jahr 1527 mit seinen außergewöhnlichen Belastungen ist vorbei. Vor der Pest waren noch die großen Sorgen um Martinus Gesundheit gewesen. Er war sterbenskrank. Sie hatte Bugenhagen zur Beichte rufen müssen. Zum kleinen Hänschen sprach der Vater wie zu einem Waisenkind. Martinus hatte ernstlich mit seinem Leben abgeschlossen. Daran mochte sie gar nicht zurückdenken. Nein, das war vorbei. Ebenso mussten die Erinnerungen an die Jugend- und Klosterzeit zur Ruhe kommen.

Das Träumen muss jetzt aufhören! Das geruhsame

Wochenbett ist vorüber. Die Gegenwart ruft. Und sie hört schon das Rattern von Rädern auf dem Hof und lautes Studentenlachen.

Die Ärmel aufgekrempelt und den Rock geschürzt, Katharina!

Die Betten brauchen bestimmt noch frisches Leinen und die leeren Mägen eine Suppe!

Bald kehrt wieder das alte, emsige Leben im Schwarzen Kloster ein. Emsig war es zwar auch die vergangenen Monate zugegangen. Aber anders. Ein Tun, das meistens nicht das Leben, sondern den Tod vor Augen hatte. Jetzt erfüllt hoffnungsvolles Lachen und neuer Lebensmut die alten Räume.

Ganz Wittenberg ist wieder voller Leben. Die Universität hat ihre Arbeit wieder aufgenommen. Die Kaufleute, Bürger und Professoren kehren zurück.

Katharina spürt auf dem Markt, dass sie freundlicher aufgenommen wird. Mit heimlicher Bewunderung denken die Frauen daran, dass die schwangere Doktorin in der verpesteten Stadt geblieben war. Der Doktor wollte dem Stadtpfarrer bei den vielen Beerdigungen helfen. Und seine Frau wollte ihrem Mann tapfer zur Seite stehen. Alle Achtung! Nun wird nicht mehr über die entlaufene Nonne getuschelt. Die Frauen erzählen sich, wie die Doktorin sogar in Wittenbergs Häuser ging, um Kranke zu pflegen. Und dies, obwohl das Schwarze Kloster ein rechtes Hospital geworden war.

Martinus hat alle Fachkollegen wieder um sich. Es geht weiter mit der Übersetzung des Alten Testamentes. Sind wieder einige neue Seiten fertiggestellt, bringt sie Katharina meist selbst zur Druckerei von Hans Lufft. Sie braucht dazu nur um die Ecke zu gehen, in die Kupferstraße.

36

Hans Lufft ist ein netter Mann, mit dem Katharina gern ein paar Sätze redet. Meist will er wissen, wann er wohl die nächsten Seiten bekommt. Er und auch die anderen beiden Druckereien in Wittenberg verdienen viel an Martin Luthers Schriften und werden bald noch mehr verdienen. Die Besitzer aller drei Druckereibetriebe waren so kulant, Luther ein Jahressalär von 300 Gulden anzubieten. Martinus lehnte ab. Er will sich nicht bereichern. Er will, dass das einfache Volk seine Schriften und Bücher lesen kann. Und das geht nur, wenn sie möglichst billig sind.

Martinus ist ein Arbeitstier. Da sind ja nicht nur die Bibelübersetzung und das Dichten und Komponieren von Liedern. Als Arbeitsleistung würde das zwar mehr als genügen, doch Martinus sitzt immer wieder an der Ausarbeitung von Schriften, die in die weite Welt hinausgehen. Sie sollen erklären, festigen, einen Standpunkt vermitteln. Martinus ist gründlich damit beschäftigt, die Kirche zu reformieren. In Zusammenarbeit mit Philippus Melanchthon erlässt er neue Gemeindeordnungen und bringt deutsche Lieder in die Kirchen. Damit das alles auch ordentlich vorangeht, besucht er häufig die neuen Gemeinden. Dabei entdeckt er dann Missstände, bei denen er sich gleich zur Abhilfe berufen fühlt. Das geringe Wissen von Pfarrern und Kindern erschüttert ihn. Der Katechismus soll weiterhelfen.

Das Reisen auf den holprigen Straßen ist nicht immer ein Vergnügen. In den einzelnen Pfarreien ist vieles in Unordnung. Er muss manchmal hart durchgreifen. Ist er zurück im Schwarzen Kloster, muss Katharina gleich in Aktion treten. Er trinkt in Mengen das vorzüglich schmeckende Bier, er verlangt nach kräftigem, fetten Essen und bräuchte nach all den Strapazen und dem Ärger doch eigentlich eine schonende Kost.

Sein Körper ist krank. Die häufigen Brustbeklemmungen machen Katharina große Sorgen. Würde sein Herz diesen Lebensstil weiter mitmachen? Auch die Nieren bereiten immer wieder Schwierigkeiten. Einmal ist es ein schmerzhafter Stein, dann wieder eine Verstopfung der Harnwege. Katharina ist so dankbar über die im Kloster Marienthron gewonnenen Heilkräuterkenntnisse. Im Schwarzen Kloster hat sie diese durch die professionelle Kunst von Muhme Lene ausweiten können. Die beiden hantieren ständig mit Tinkturen und Säften, Salben und Tüchern. Sie quetschen, destillieren und mahlen Nieswurz, Fenchel, Kürbiskerne, Mistel, Farnkraut und Taubnessel und verrühren die Substanzen mit Rosenwasser oder Öl. All dies wird im Kloster gebraucht.

Die ständigen neuen Belastungen drücken auf Martin Luthers Gemüt. Depressionen und exzentrische Anfälle überfallen ihn. Nach Möglichkeit treibt Katharina ihn dann zur Musik oder in den Garten. Beides liebt er, und es tut ihm gut.

Auch der Umgang mit den Kindern erfrischt ihn. Er liebt sie und ist so dankbar, sie zu haben. Katharina freut sich, dies in einem Brief an einen seiner Freunde lesen zu können. „Das zweijährige Hänschen ist so munter und quicklebendig." Als sie weiterliest, steigt allerdings wieder Ärger in ihr auf: „Es schlägt sein Wasser in jeder Ecke des Zimmers ab..." „Martinus, da hast du deine Freude dran? Könntest du ihm nicht schnell das Töpfchen unterschieben? Weißt du, wieviel Arbeit es macht, so eine benässte Ecke wieder rein zu bekommen?"

Katharina stöhnt. Sie haben beide zuviel Arbeit. Ihre geschieht in den begrenzten Räumen. Martinus' Arbeit strahlt in die weite Welt hinaus. Eine neue Lehre zu verbreiten kostet viel Kraft. Die Belastungen des Bauernkrie-

Martin Luther und Katharina von Bora im Familienkreis
Kupferstich von Oberbögler nach einer Zeichnung von Usteri
© Bildarchiv Preussischer Kulturbesitz, Berlin, 1998

ges sind noch nicht vergessen, schon gar nicht für Martinus, der sich die verheerenden Folgen immer wieder selbst anlastet. Nun gibt es neue Bedrängnis. Im Süden Deutschlands und in der Schweiz gibt es Reformatoren-Kollegen, die über das Abendmahl anders denken als Luther und seine Freunde. Sie reichen das Abendmahl zwar auch in beiderlei Gestalt. Aber Zwingli in der Schweiz und Bucer, Zell und deren Freunde in Straßburg feiern das Abendmahl symbolisch und sagen über Brot und Wein, sie *bedeuteten* nur Leib und Blut Christi. Die Wittenberger bestehen dagegen fest darauf: Brot und Wein *sind* Leib und Blut Christi.

‚Oh Martinus, wo nimmst du nur die Kraft her, all die Spannungen zu bewältigen? Ich muss dich einfach nach meinen Möglichkeiten unterstützen, auch wenn du mich manchmal anfährst. Meine Sorgen um dich magst du schon gar nicht. Das weiß ich‘, denkt Katharina.

Die Reformatoren aus dem Süden und die Wittenberger treffen sich von Zeit zu Zeit zu Religionsgesprächen; in Kassel, Marburg und anderswo.

Einmal kommen Matthäus Zell und seine Frau Katharina nach Wittenberg, um Luther und Melanchthon zu besuchen. Die Zells wohnen im Schwarzen Kloster. Die beiden Namensvetterinnen haben Gelegenheit, sich länger auszutauschen. Sie lernen sich dabei gut kennen. Für die Lutherin ist es interessant, dass auch Straßburg ein Zentrum hoher Gelehrsamkeit ist. Auch dort arbeiten mehrere Theologen an der Reformation. Ist dies in Wittenberg durch den Schutz und die Förderung des Landesherren möglich, so gelingt es in Straßburg, weil es eine freie Reichsstadt ist.

Katharina Zell erzählt, wie viele verfolgte Protestanten laufend Schutz in den Mauern der Stadt suchen. In den

40

Häusern der Pfarrer Zell und Bucer herrscht ein ständiges Kommen und Gehen. Sechzig Flüchtlinge versorgte Katharina Zell einmal drei Wochen lang in ihrem Haus. Die Lutherin spitzt die Ohren. Katharina Zell hat nicht so ein großes Haus zur Verfügung wie die Luthers. Trotzdem bringt sie alle im Pfarrhaus unter. Voller Energie und Engagement sorgt sie dafür, dass auch andere Familien Flüchtlinge aufnehmen. Während des Bauernkrieges fanden ein paar tausend Flüchtlinge im dort gelegenen leeren Franziskanerkloster Unterkunft. Katharina Zell sammelte in der Bevölkerung Nahrungsmittel und versorgte die Flüchtlinge damit. Unmengen müssen das gewesen sein!

Die Lutherin ist voll Bewunderung für die gleichaltrige Frau dort aus Straßburg. Gewiss, sie hat keine Kinder, aber dafür arbeitet sie literarisch. Im Jahre 1534 hat sie ein kleines Liederbüchlein herausgegeben. Davor hat sie sich schon einen Namen gemacht durch mehrere Schriften, die veröffentlicht wurden. Einmal war es eine Streitschrift gegen den Bischof, der die Mittel für verheiratete Pfarrer kürzen wollte. Ein anderes Mal war es ein seelsorgerliches Schreiben an die zurückgebliebenen Frauen der in Straßburg weilenden Flüchtlinge. Beherzt und tapfer ist die Katharina Zell. Das sieht Katharina Luther ohne Neid. Sie hört auch von der Freundschaft des Ehepaares Zell mit den Familien der Reformatoren Wolfgang Capito und Martin Bucer. Die Lutherin verspürt Lust, auch einmal nach Straßburg zu reisen.

***

Katharina liebt ihren Martinus. Auch wenn sie sich zeitweise sehr ärgert, dass er sich gar kein bisschen um Geldeinnahmequellen bemüht, bewundert sie andererseits Martinus Großherzigkeit. Ihm geht es ja um die Verbreitung des Evangeliums und nicht ums Geldverdienen. Das Evangelium ist schon wichtig. Aber wichtig ist auch, dass sie leben können; all die Menschen im Schwarzen Kloster! Katharina seufzt, wenn sie an Martinus' unbezahlte Arbeit denkt. Er lässt sich seine langwierige Tätigkeit in seinem Studierzimmer nicht bezahlen. Er nimmt kein Geld, und das, was da ist, gibt er mit vollen Händen aus. Die Schatulle ist immer wieder leer. Kein Notleidender wird vor der Tür des Schwarzen Klosters abgewiesen. Katharina und Martinus helfen beide gern. Sie kennen es aus ihrer Klosterzeit, dass den Armen geholfen wird. Doch Martinus übertreibt die Geldzuwendungen oft. Er bedenkt nicht, oder er will es nicht sehen, was täglich in einem Unternehmen wie dem Schwarzen Kloster gebraucht wird. Während Katharina und auch Muhme Lene oft mit einem Teller warmer Suppe und vielleicht noch einem kleinen Geldstück helfen, greift Martinus mit voller Hand in die Schatulle. Katharina muss wieder lächeln. Mit Geld umzugehen haben sie ja beide nicht gelernt. Geld haben sie beide jahrzehntelang nicht in der Hand gehabt. Rechnen kam weder bei Martinus noch bei Katharina in der Klosterordnung vor. Es fehlte einfach in der Erziehung und Bildung eines Klosterschülers. Notgedrungen muss Katharina rechnen lernen, sogar kalkulieren muss sie können. Martinus hat seine Theologie und die vielen Reformideen zu verwirklichen. Sie muss für ihn das Rechnen und Kalkulieren übernehmen.

Wenn es nach Martinus ginge, brauchte kein Student für Unterkunft und Kost zu zahlen. Doch das lässt Katharina nicht zu. Sie braucht neue Linnen für die zusätzlichen Betten. Sie braucht Geld für die Bezahlung der Mägde. Sie braucht Öl, Gewürze und noch vielerlei, was sie nicht selbst herstellen kann.

Katharina sorgt nach Kräften für Nahrungsmittel und Fleisch. Die Stallungen hinter dem Brauhaus füllt sie mit allerlei Getier: Gänse, Hühner, Schweine, Kühe. Auf dem Boden darüber nisten Tauben.

Zwei neue Gärten werden im Laufe der Zeit dazugekauft. Katharina muss schmunzeln, wenn sie an die Tortur vor der Anschaffung besonders des dritten Gartens denkt. Martinus ist dem Gedanken an einen neuen Garten völlig abgeneigt.

„Du hast doch schon zwei Gärten. Da wächst genug Kohl. Und Rüben hast du auch genug. Du bist ein besitzgieriges Weib, Domina!" „Ich habe eben nicht genug Gemüse und schon längst nicht genug Land für Getreide! Martinus, habt Ihr einmal gezählt, wie viele Menschen heute wieder um den Tisch sitzen? Sechsunddreissig Hungrige hocken da! Mein lieber Doktor Martinus, Ihr lebt zu sehr im Alten Testament! Ihr glaubt, Brot fällt vom Himmel wie bei den alten Israeliten anno dazumal in der Wüste. Doch wir leben heute und nicht in der Wüste. Wir brauchen Gärten, in denen wir hart arbeiten müssen, um Gemüse und Brotmehl wachsen zu lassen. Und das, mein lieber Doktor, steht auch im Alten Testament: ‚Im Schweiße deines Angesichtes sollst du dein Brot essen.‘ Ich will das alles tun, Doktor Martinus. Aber ich brauche dazu Land!"

„Herr Käthe, Ihr seid ja auch eine rechte Predigerin! Sieh an, sieh an!"

Nach langem Schlagabtausch und viel Gebrumm seitens Martinus erhält Katharina den Garten am Saumarkt, auf den sie schon lange ein Auge geworfen hat. Ein herrlicher Garten, durch den ein Bach läuft. Er fließt durch einen kleinen Teich, den Katharina mit unternehmerischem Blick gleich erweitern will. Sie kann darin herrliche Karpfen ziehen, vielleicht auch Barsche oder Forellen!

Als es dann soweit ist und Katharina das Essen mit eigenem Fisch bereichert, strahlt Martinus und lobt, genießerisch schmatzend, seine Hausfrau und Saumärkterin.

An den köstlichen Mahlzeiten, die Katharina mit Muhme Lene und den Mägden zaubert, laben sich nicht nur Martinus und die Studenten, sondern immer mehr Gäste. Da sind weitgereiste, hochgelehrte Männer, die mit Luther disputieren wollen oder Rat suchen. Professoren, auch aus fernen Ländern, bitten um Erklärungen.

Die Gespräche am Tisch sind meistens hochinteressant, spritzig und auch witzig. Katharina ist hin und hergerissen. Merkt Martinus überhaupt, was er da Köstliches verschlingt? Merken die Männer, mit wieviel Sorgfalt und Können die Braten gewürzt sind? Haben sie hochrote Wangen vom Schmausen und vom Trinken ihres selbstgebrauten Bieres oder vom Hören der hochgelehrten Sätze und Abhandlungen?

Auch Katharina, die die meist lateinisch geführten Gespräche gut verfolgen kann, ist zeitweise so hingerissen, dass sie vergisst, Gemüse nachzuholen. Sie mischt sich gern selbst ins Gespräch ein. Einige Studiosi schreiben mit flinker Feder die Tischgespräche mit. Meist noch am selben Tag bringen sie sie zur Druckerei. Sie erscheinen dann als gelehrtes oder belustigendes Flugblatt. Und der Student bekommt ein Zubrot in klingender Münze. Auch davon ist Katharina hin- und hergerissen. Auf der einen Seite freut sie sich, dass diese interessanten und oft auch wertvollen Tischgespräche nicht verloren gehen. Andererseits sind ihr manche Ausfälle in Martinus' Reden nicht recht. Mit drastischen Ausdrücken oder auch Sarkasmus poltert er manchmal gegen die Pfaffen oder einen seiner Feinde. Katharina wäre es dann lieber, er hätte die Worte nicht gesagt. Aber gerade solche zugespitzten Bösartigkeiten sind für die Studiosi eine Gaudi. Am nächsten Tag kann mit Sicherheit jeder Lesekundige erfahren, was an Luthers Tisch gesagt worden ist.

Zur Tischrunde gehört ganz selbstverständlich das Gebet und sehr oft ein gemeinsamer Gesang. Martinus singt gern. Zum Christentum gehört für ihn die Fröhlichkeit. In der Runde ist das gleichzeitig ein Stück Verkündigung.

Um den Tisch sitzen auch viele Flüchtlinge. In einigen Orten werden immer wieder protestantische Pfarrer vertrieben. Mönche und Nonnen verlassen ihre Klöster. Katharina findet es gar nicht verwunderlich, dass viele erst einmal im Schwarzen Kloster anklopfen und Martinus sprechen wollen. Immerhin ist er mehr oder weniger der Grund ihrer Klosteraustritte. Nur dehnen sich die Besuche oft entsetzlich lange aus. Nicht für jeden Langzeitgast bringt Katharina Verständnis auf.

Katharina scheut sich nicht, die Studiosi oder auch ihre Gäste bei der Gartenarbeit einzusetzen. Die Studiosi rauben ihr sowieso einen Teil des Obstes. Wenn Katharina sie erwischt, wie sie die leicht erreichbaren Birnen im Hof abreißen, werden sie auch für das Pflücken an den oberen Ästen des Baumes eingeteilt. Da ist sie energisch und konsequent. Martinus lässt dann seine Hausfau und Gärtnerin schmunzelnd gewähren.

Gast Herzogin Ursula von Münsterberg

Zu den Langzeitgästen gehört auch die Herzogin von Münsterberg. Nicht als Herzogin erscheint sie im Schwarzen Kloster, sondern als Nonne. Mit zwei Mitschwestern ist sie gerade aus dem Jungfrauenkloster der heiligen Büßerin Maria Magdalena in Freiberg entwichen.

Von Martinus Luther haben die drei natürlich gehört. Sie wollen ihn nun sehen, ihn persönlich hören, mit ihm über seine umwerfenden Gedanken sprechen. Die drei Frauen sind herzlich willkommen. Bis sie sich in der Welt zurechtfinden, wird es eine Weile dauern. Das Schwarze Kloster wird eine Stufe auf dem Weg dahin sein.

Um die Herzogin von Münsterberg kümmert sich Katharina besonders fürsorglich. Die Arme hat im Kloster seelisch und körperlich gelitten. Sie muss sich hier erst einmal erholen. Dafür will Katharina sorgen. Die zarte, blasse Nonne hat ihr volles Mitgefühl.

Für Katharina ist die Herzogin eine faszinierende Frau. Sie gehört zum Hochadel, ist jedoch arm. Als Waise war sie ins Kloster gekommen, mittellos wie einst Katharina. Davor hatte ihre Tante sie versorgt, die Mutter von Herzog Georg und Herzog Heinrich von Sachsen. Mit den beiden Cousins hatte sie als Kind gespielt. Doch weil wenig Geld vorhanden war und die Eltern für Ursulas Auskommen nichts hinterlassen hatten, musste sie zur Erziehung und weiteren Versorgung ins Kloster.

Die junge Nonne war von zarter Gesundheit. Das Klosterleben, besonders die frühen Morgengebete, bereiteten ihr ständige Magenschmerzen oder gar Erbrechen. Die Fastenzeiten waren für ihren schwachen Körper ein zusätzliches Martyrium. Weil der Körper angegriffen war, litt auch die Seele. Fastenübungen und Meditationen brachten ihr keinen geistlichen Gewinn. Körper, Seele, Geist – alles sträubte sich gegen die Klosterordnung und die Rituale. Alles in ihr war voller Rebellion. Die Priorin erließ Ursula nichts, zumal sie ohne Mitgift im Kloster war und keine Sonderbehandlung bekommen sollte.

Ursula lebte erst ein wenig auf, als eine neue Priorin kam, die wesentlich lockerer im Umgang mit den jungen Schwestern war. Zuweilen verließ die Priorin das Kloster und nahm Schülerinnen mit, die dann auf dem Markt einkaufen durften. Das traf zwar nicht mehr für Ursula zu, die inzwischen den Schleier genommen hatte, aber in den Klostermauern wehte ein frischer Geist.

Katharina und Martinus erfahren, dass in das Kloster auch zwei Kapläne kamen, die für die geistliche Unterweisung der Nonnen zuständig sein sollten. Ohne Wissen des Landesherren, Herzog Georg von Sachsen, hingen sie der lutherischen Lehre an. Vielleicht hatte auch dessen Bruder, Herzog Heinrich von Sachsen, dies so eingerichtet, denn das Kloster steht unter seiner Aufsicht. Als in diesem Frühjahr nach zweijähriger Tätigkeit einer der beiden Kapläne starb, wurde ein anderer Geistlicher eingestellt. Auch er war ein Lutherischer. Herzogin Ursula gesteht, dass sie die Frau des Herzogs Heinrich darum gebeten hatte. Von ihr weiß sie, dass sie die lutherische Lehre liebt. Weiter erzählt Ursula, dass lose Schriften Luthers ins Kloster gekommen waren, die dort gebunden werden sollten. Sie wurden nicht nur gebunden. Sie wurden erst neugierig, dann gierig gelesen und zum Teil auch abgeschrieben!

Seltsame Zufälle oder geschickte Manipulation?

Der neue Kaplan sprach klare Worte. Er halte nichts

vom klösterlichen Leben und nichts von der Verehrung der Heiligen. Die Werke seien für ihn nicht verdienstvoll, sondern im günstigen Fall nur Zeichen des Glaubens.

Im Oktober des Jahres 1528 verließen Ursula von Münsterberg und zwei adlige Mitschwestern heimlich das Kloster. Ihr Cousin Georg, der Landesherr des Herzogtums Sachsen, ist ein erbitterter Gegner Luthers. Er macht nun auch Luthers Landesherrn, Kurfürst Johann von Sachsen, Ärger. Er fordert die Auslieferung der Herzogin von Münsterberg und der mit ihr entlaufenen Nonnen. Ihr Beispiel könne sonst andere Nonnen auch zur Flucht verführen. Außerdem wäre die Flucht und der Bruch des klösterlichen Eides seiner Verwandten eine Schande für die ganze Sippe. In einem langen Briefwechsel weiß sich der lutherische Kurfürst Johann von Sachsen diplomatisch und freundlich zu behaupten. Er stellt in Aussicht, nach den drei Nonnen zu suchen. Später bietet er an, Herzog Georg möge nach Wittenberg kommen, um die drei Nonnen zu befragen. Der papistische Herzog kommt natürlich nicht in das lutherische Wittenberg.

Die schmale Ursula von Münsterberg ist eine beherzte und couragierte Frau. Als entlaufene Nonne, schwach und eidbrüchig, mag sie nicht dastehen. In einem offenen Brief rechtfertigt sie ihr wohlüberlegtes Verlassen des Klosters: Alle drei adligen Fräulein waren ohne ihren Willen ins Kloster gebracht worden. Die Gelübde, die die Seligkeit bringen sollten, trennen sie in Wahrheit von Gott. Sie werfen sie in die Ungewissheit und ewige Verdammnis. „Deshalb müssen wir sie aufgeben. Die Taufe allein verstehe ich als einziges und gültiges Gelübde. Durch die Taufe werden wir in die Gemeinschaft mit Christus aufgenommen. Ist es nicht Gotteslästerung, wenn uns weisgemacht wird, dass die Klostergelübde eine zweite Taufe seien und uns von Schuld und Sünde befreien? Genügt nicht das Blut Christi, das uns von allen Sünden reinwäscht?

Das Verlassen unseres Ordens geschieht nicht durch ein leichtfertiges Tun, sondern aus ernsthaften Erwägungen. Wir wollen unser Gewissen nicht weiter belasten durch von Menschen gemachte Gelübde und Ordnungen. Wir wollen uns allein auf Gott und sein Wort stützen!"

Eine tapfere Frau, die Herzogin. Luther unterstützt sie, indem er dem offenen Brief ein Nachwort hinzufügt. Katharina meint zwar, das sei nicht nötig. Ursulas Schreiben bringe ihr Bekenntnis klar und deutlich genug zum Ausdruck. Doch die Herzogin ist dankbar dafür. Sie hofft, das Flugblatt werde so eher gelesen. Und da mag sie recht haben.

Keinen Groschen hat die Herzogin von Münsterberg. Und es wird wohl noch eine Weile dauern, bis sie von ihrer hochgeborenen Familie eine Unterstützung erhält.

Ihr Cousin Herzog Georg von Sachsen lässt jetzt das Kloster der Büßerin Maria Magdalena visitieren. Bruchstückartige Meldungen dringen ins Schwarze Kloster. Einzeln werden die Nonnen verhört. Was wissen sie? Was haben sie beobachtet? Welche Erklärungen haben sie dafür, dass Luthers Gedanken und Schriften ins Kloster eindringen konnten? Die Priorin fühlt sich überfordert, krank und schwach. Sie möchte ihr Amt abgeben. Die Nonnen wählen aus ihren Reihen eine lutherisch gesinnte Nachfolgerin. Ob dies Herzog Georg weiß? Wohl kaum. Und warum bleibt die dem Neuen aufgeschlossene Priorin trotzdem im Kloster?

Diese letzte Frage berührt Katharina sehr. Ja, wo sollen ältere Nonnen denn hin? Hatte sie selbst nicht unheimliches Glück, dass sie mit 26 Jahren noch heiraten konnte?

Es war doch die einzige Möglichkeit einer Versorgung. Aber sie wollte auch heiraten. Sie ist über ihr damaliges Wollen immer noch glücklich. Für viele Nonnen ist die Aussicht auf eine Heirat aber überhaupt nicht verlockend. Bis jetzt gilt eine Nonne gesellschaftlich noch mehr als eine Ehefrau. Für sie ist „Jungfrau" immer noch ein Ehrentitel, da jegliche Sexualität als Sünde gilt. Dazu kommt, dass das Keuschheitsgelübde noch fest und tief sitzt. Andere, viele sogar, sind Waisen geworden, weil ihre Mutter im Kindbett starb.

Auch Martinus weiß das. Er verlangt nicht, dass alle Nonnen das Kloster verlassen. Philippus Melanchthon ist darin einig mit ihm. Er besucht gerade ein Kloster bei Nürnberg, wo Ärger und Not aufgetreten sind. Die zuständigen Herren im Umfeld des Klosters wollen, dass es aufgelöst wird. Die Nonnen sollen gegen ihren Willen von ihren Gelübden freigesprochen werden. Sie sollen die lutherische Lehre annehmen. Schon seit Wochen sind lutherische Prediger im Kloster. Doch zur Freude der Äbtissin bleiben die Nonnen fest bei ihrem alten Glauben. Philippus wie Martinus wollen keine zwangsweisen Konversionen. Den betroffenen Herren wird das von Philippus eindrücklich klargemacht. Die dortige Äbtissin und die bedrängten Nonnen sind erleichtert. Dankbare, gute Wünsche begleiten Philippus nach Wittenberg.

Doch in den einzelnen Klöstern ist die Situation unterschiedlich. Trotz der strengen Visitation in dem von Ursula und ihren beiden Mitschwestern verlassenen Kloster und den verängstigt zurückgebliebenen Nonnen kommt die Nachricht nach Wittenberg, dass wieder vier aus diesem Kloster entweichen konnten.

Ein Sommer ohne Martinus im Jahr 1530

Der Reichstag in Augsburg ist einberufen worden.

Der freundschaftliche Verkehr zwischen Kaiser Karl V. und dem Papst erfüllt viele Evangelische mit Sorgen. Doch in der Einladung heißt es, dass die kirchliche Zwietracht abzulegen sei, Meinungen in Liebe und Güte zu hören und zu erwägen seien. Kurfürst Johann von Sachsen will auf den Reichstag und zur Verteidigung der evangelischen Lehre auch seine Theologen mitnehmen. Er beauftragt Luther, Jonas, Bugenhagen und Melanchthon, schleunigst die Artikel aufzuschreiben, in denen von der Lehre und dem Gottesdienst der katholischen Kirche abgewichen wird. Dazu soll der evangelische Standpunkt von der Schrift her begründet werden.

Die vier Theologen mühen sich redlich, die Verteidigungsschrift so zu verfassen, dass sie möglichst bei allen Evangelischen Zustimmung findet. Schließlich nimmt man Melanchthons Vorschlag an, nur das in die Schrift aufzunehmen, was im Einklang mit der Kirche der ersten Jahrhunderte steht. Jeder würde dann erkennen, dass nicht die Evangelischen, sondern die Römischen die „Erneuerer" sind.

Wegen Acht und Bann kann Martinus es zu seinem Leidwesen nicht wagen, in Augsburg zu erscheinen. Kurfürst Johann von Sachsen wird die Bekenntnisschrift der lutherischen Reichsstände vorlegen, und Philippus Melanchthon wird sie erläutern.

Martinus will von der Veste Coburg aus die Verhandlungen, so gut es geht, verfolgen. Coburg liegt außerhalb des Herrschaftsgebietes der katholischen Herren. Dort ist er also sicher, und er ist viel schneller zu erreichen als in Wittenberg, wenn weitere Beratungen nötig sind.

Katharina sorgt sich um ihren Mann. Wird er ohne ihre Fürsorge die Monate im Süden gut überstehen? Seit der Geburt ihrer kleinen Magdalena im letzten Sommer laboriert er ständig an seinen Leiden. Nierensteine quälen ihn immer wieder einmal. Dazu hat er oft starkes Ohrensausen, das bis zur Ohnmacht führt. Des Nachts schläft er äußerst unruhig. Der Satan lässt ihn im Schlaf nicht los. Er ist für Martinus so real da, dass er wie ein Wilder mit ihm kämpft. Katharina holt Beruhigungstee und Baldrian mit Honig gemischt. Den Körper bedeckt sie immer wieder mit Tüchern, die in warmem Kräutersud ausgewrungen sind. Der Schlafraum ist ständig in eine Wolke von Kräutergerüchen gehüllt. Auch seine konstante Hartleibigkeit quält ihn. Ihr ist scheinbar nur mit Muhme Lenes Kräutermitteln zu begegnen.

Vor Tagesgrauen schlüpft Katharina in die Küche, wo sie den am Vorabend von Muhme Lene bereiteten Tee abgießt. Sie erwärmt ihn und flößt ihn Martinus ein. Wie immer schimpft er über das bittere Gebräu. Aber wie immer wird es ihm Erleichterung schaffen. Und so nimmt er es zu sich, wenn er sich dabei auch vor Widerwillen schüttelt.

Martinus ist kein freundlicher oder geduldiger Patient. Aber er weiß nur zu gut, dass die zwei Frauen von Bora Heilkünstlerinnen sind. So nimmt er ihre Dienste an, wenn auch brummend.

Wie wird das nur in Coburg werden? Martinus ist ungehalten, dass Katharina sich so sorgt. „Mein Morgenstern zu Wittenberg, der himmlische Vater wird auch in Coburg bei mir sein und sich um mich kümmern. Überlass das Sorgen ihm! Das Sorgen ist nicht dein Amt, Herr Käthe!"

Da bekommt sie es wieder dick um die Ohren geknallt. Ihr Sorgen um ihn tut ihm doch gut! Vielleicht würde er gar nicht mehr leben ohne sie. Aber dann reißt sie sich schleunigst zusammen. Wer ist sie denn? Was maßt sie sich an? Martinus hat ja recht. Nur der Herr im Himmel kann ihn wirklich bewahren.

Aber Katharina will das Leben für ihren Martinus leichter machen. Sie sieht und hört doch, wie er sich oft quält. Sie fühlt sich verpflichtet, ihm zu helfen.

Katharina und Muhme Lene haben vorgesorgt. Sie haben einen Vorrat der helfenden Kräutermischung angelegt. Der mitreisende Bursche bekommt eingehämmert, welche Menge er mit heißem Wasser überbrühen muss. Dazu wird ein Stapel Tücher eingepackt. Vorgewärmt am Kachelofen müssen sie bei auftretenden, schmerzhaften Beschwerden aufgelegt werden! Ach, am liebsten würde Katharina mitfahren. Aber Martinus droht ihr schon wieder. „Klammere dich nicht so an mich, Domina! Lass mich zufrieden mit deiner Sorge; ich habe einen anderen Sorger."

Fürsorglich packt Katharina trotzdem noch eine Anzahl Kissen und ein großes Fell in den Wagen. Martinus überprüft nur, ob ein Fass von Katharinas köstlichem Bier im Wagen ist. Beruhigt lässt er sich in den warm und weich ausgestatteten Wagen fallen und fühlt sich da offensichtlich auch wohl. Ganz selbstverständlich und viel zu gern nimmt er ihre Fürsorge an. Hänschen klettert dem Vater nach und schmiegt sich zum Abschied noch einmal eng an ihn. Katharina reicht Martinus auch die kleine Magdalena. Er küsst sie strahlend und drückt ihre dicken Ärmchen.

Katharina, Muhme Lene und die Kinder schauen dem Wagen nach, der knarrend den Hof verlässt. Die munteren Pferde scheinen sich auf die Ausfahrt zu freuen. „Lieber Gott, lass Martinus ohne Unfall und ohne Überfall in Coburg ankommen! Behüte ihn auch dort und bring ihn mir wieder gesund zurück ins Schwarze Kloster."

Hänschen tollt mit Tölpel im Hof herum. Den Hund hat sein Vater ihm als Spielkameraden geschenkt. Katharina fühlt ihre Bluse nass werden. Magdalena muss gestillt werden. „Und ich werd' dich auch noch weiterstillen, mein liebes Lenchen, obwohl du schon bald ein Jahr alt bist. Aber jetzt haben wir doch mehr Zeit, mein Kleines. Vater ist weg, und die vielen Gäste, die seinetwegen hier einkehren und mir Arbeit machen, werden auch wegbleiben."

Schon nach einer Woche hält Katharina den ersten Brief von Martinus in Händen. „Oh, mein Gott. Er ist wohlbehalten in Coburg angekommen. Danke."

Katharina freut sich. Martinus schreibt oft. Er hat sie lieb, sie und die Kinder. Das spürt sie. Er hat große Sehnsucht nach ihnen. „Meine liebste Doktorin, Predigerin, Brauerin, grüß mir die Kinder, dein Liebchen Martinus." Katharina ist jedesmal gerührt, wenn ein Bote ihr ein Brieflein bringt. Es ist ja gar nicht so leicht für ihn, einen Boten zu finden. Wäre er auf dem Reichstag in Augsburg, könnte er seinen Brief leicht einem offiziellen Kurier mitgeben. So muss er stets versuchen, einen Boten abzufangen und ihm seinen Auftrag mit aufzuladen.

Einmal schreibt Martinus, dass ihn Argula von Grumbach besucht hat. Er gibt auch Anweisungen von ihr weiter, wie sie Magdalena abstillen kann. Katharina wird sofort rot vor Ärger. Was mischt sich da eine andere Frau in ihre Kinderpflege ein? Sie ist doch kein unmündiges Mädchen mehr. Magdalena ist ihr drittes Kind! Ihr zweites Kind, die kleine Elisabeth, ist zu ihrem noch nicht verarbeiteten Schmerz, mit kaum einem Jahr gestorben.

54

Argula von Grumbach? Das war doch die Frau von bayrischem Adel, von der Martinus vor ihr einmal mit Hochachtung gesprochen hat. Vor Jahren setzte sie sich beherzt für einen jungen Mann ein, der an der Universität lehrte. Er war einmal Schüler von Philippus und Martinus. Als bekannt wurde, dass er die lutherische Lehre vertrat, wurde er eingesperrt und gefoltert. Er sollte dem lutherischen Bekenntnis öffentlich abschwören.

Argula von Grumbach trat damals unerschrocken für den jungen Universitätslehrer ein. Das hatte natürlich Folgen für die Stellung ihres Mannes, eines Beamten. Katharina erinnert sich, was diese Frau so mutig gesagt hat. Sie weiß es wieder ganz genau, weil Martinus sie ihr als leuchtendes Beispiel vorhielt. Katharina hatte sich wieder einmal gesorgt, weil nicht genug Geld für einen weiteren Garten da war, den sie nötig brauchte. Martinus las ihr vor, was die von Geldnot bedrohte Argula von Grumbach geschrieben hatte: „Ich kann es nicht ändern, wenn mein Mann meinetwegen aus dem Amt entlassen werden wird. Gott wird meine Kinder versorgen wie die Vögel, und er wird sie kleiden, wie er die Lilien auf dem Feld kleidet."

In der Tat, von diesem großen Gottvertrauen und dem Gleichmut gegenüber der Versorgung ihrer Familie ist Katharina noch immer weit entfernt. Sie spürt Eifersucht. Diese Frau ist jetzt dort oben auf der Veste Coburg bei ihrem Martinus!

Katharina glättet den ihr heruntergerutschten Brief und liest weiter. Die Zornesröte aus ihrem Gesicht verschwindet langsam. Martinus ist durch den Reichstag vollständig in Anspruch genommen. Argula von Grumbach will wohl nur den berühmten und von ihr verehrten Martinus Luther persönlich kennenlernen. Dies Begehren teilt sie anscheinend mit anderen, denn Martinus schreibt weiter, dass er sich wohl ein anderes Domizil suchen müsse. Es sei bekannt geworden, dass er oben auf der Veste sitzt. Manchen Tages gebe es eine richtige Wallfahrt den Berg hinauf!

Katharina beruhigt sich wieder. Sie hat eben einen berühmten Mann. Sie muss sich daran gewöhnen, dass auch andere ihn verehren. Katharina hängt ihren Gedanken nach. Wie widersprüchlich doch Martinus über die Frauen denkt. Von Argula von Grumbach spricht er so gut. Und doch hat er einmal gesagt: „Nimm die Frauen aus ihrem Hausfrauendasein heraus, und sie sind für nichts mehr gut." Das hatte Katharina schon einmal geärgert. Geradezu wütend haben sie seine deftigen Sätze zur Anatomie von Mann und Frau gemacht, die nach seiner Meinung zeigen, wer der Führende ist. Das fand und findet sie noch immer geschmacklos. Doch dann hat Katharina auch von Martinus im Ohr: „Wenn das weibliche Geschlecht anfängt, die christliche Lehre aufzunehmen, dann ist es viel eifriger in Glaubensdingen als Männer." Na ja, dazu gehört wohl auch Argula von Grumbach. Aber ob die ihm auch seine Wehwehchen so gut pflegen, die Hühner so gut braten und das Bier nach seinem Geschmack brauen kann?

Sie hat des Rätsels Lösung. Bei nächster passender Gelegenheit wird sie sie ihm auch auf den Kopf zusagen. Martinus braucht eine Frau, die gleichzeitig Maria und Martha ist. Das ist es! Katharina beschließt, sich bei den Tischgesprächen in Zukunft viel häufiger einzumischen. Sie will sich nicht mehr über den Mund fahren lassen von einem Gelehrten, einem Famulus oder gar einem Studenten, der hofft, dass Martinus noch unkontrollierter Deftiges sagt. Sie wird sich in Zukunft behaupten. Sie will sich

Katharina von Bora
Kupferstich von Albrecht Schmidt
© Bildarchiv Preussischer Kulturbesitz, Berlin, 1998

Gehör schaffen mit wohlüberdachten Argumenten. Martinus mag das. Das weiß sie.

Martinus verehrt noch eine weitere Frau. Katharina ist mit ihr seit einiger Zeit befreundet. Es ist Elisabeth Cruciger, eine geborene von Meseritz. Seit zwei Jahren wohnt sie in Wittenberg. Katharina beschließt, sie einmal zu besuchen. Das ist auch etwas, was Katharina sonst nicht tut. Sie macht zwar häufig Krankenbesuche, aber einen Besuch ohne solchen Grund? Dagegen spricht ihre notwendige, strenge Zeiteinteilung.

Als Heilkundige wurde sie schon einige Male in das Haus der Melanchthons gerufen. Das Verhältnis zu Katharina Melanchthon hat sich dadurch positiv verändert. Philippus ist nicht von kräftiger Statur. Auch er arbeitet zuviel. Zuweilen überschüttet er sich mit Sorgen und Selbstanklagen. Dann überfällt ihn Appetitlosigkeit. Seine Frau kann damit nicht richtig umgehen. Die Lutherin hilft ihnen mit Kräutern, stärkenden Suppen und mit Ratschlägen. Die Frauen kommen sich näher.

Durch die Abwesenheit beider Männer und deren Beschäftigung mit dem Reichstag in Augsburg finden die beiden endlich einmal Zeit, sich auf der Gartenbank zu einem kleinen Schwatz zusammenzusetzen. Sie verabreden sich zu gemeinsamen Marktbesuchen und kommen mit vollen Körben, munter schwatzend, nach Hause zurück.

Auch bei Melanchthons ist selten Geld in der Schatulle. Beide Eheleute geben dort vorhandenes Geld mit vollen Händen aus. Da Katharina Melanchthon aber keine so geschickte Hausfrau wie die Lutherin ist, hat Katharina ihr schon hin und wieder mit selbsthergestelltem Käse und Brot ausgeholfen.

Vater Hans Luther ist gestorben. Martinus wird sicherlich sehr traurig sein. Es betrübt Katharina, dass er gar nichts darüber schreibt. Immer noch vergräbt er sich allein in seinem Leid. Warum teilt er es nicht mit ihr? Oder ist es seine Ergebenheit Gott gegenüber? Nur ja nicht hadern.

Von Coburg aus kann er nicht zum Begräbnis fahren.

Katharina erhält wieder einen Brief. Sie liest ihn mit klopfendem Herzen: „Meiner herzlieben Katharina Lutherin zu Wittenberg zu Händen. Gnade und Friede in Christo. Gottlob, ich habe seit acht Tagen kein Sausen mehr im Kopfe gefühlt. Das hat mich fein lustig gemacht zu schreiben. Dass nur dem Reichstag ein Ende werde! Wir haben genug getan und erboten. Die Papisten wollen nicht ein Haar breit weichen. Die Unsern zu Augsburg wollen aufbrechen. Grüßt alle und alles! Gott befohlen und betet. Euer williger Diener Martinus Luther."

Freundin Elisabeth Cruciger

Hänschen springt neben Katharina durch die Straßen der Stadt. Magdalene trippelt jauchzend neben ihr, fest Mutters Hand haltend. Ab und zu nimmt sie die Kleine auf den Arm. Katharina trägt den reich gefältelten Rock und darüber das schwarze Samtjäckchen mit dem engen Miederteil, das mit Biesen und Perlen geschmückt ist. Der hochgestellte Kragen lässt ihren Kopf stolzer herausschauen, als Katharina ist oder sich fühlt. Die Händler und Marktfrauen schauen ihr und den Kindern nach.

An Crucigers Tür hält sie an und hebt den Klopfer. Eine

freundliche Magd öffnet und führt Katharina mit den Kindern in das geschmackvoll eingerichtete Wohnzimmer der Crucigers. Elisabeth Cruciger sitzt am Spinett. Ihre beiden Kinder spielen auf dem Teppich mit Wollresten und einer Puppe.

Große Freude herrscht im Zimmer. Die Kinder jauchzen. Caspar Cruciger ist ein Jahr älter als Hänschen Luther und die kleine Elisabeth Cruciger ein Jahr jünger. Magdalene Luther ist die Jüngste und bald auch die Lauteste.

Die beiden Mütter umarmen sich liebevoll. Zwischen ihnen herrscht ein von Achtung bestimmtes Verständnis. Die Männer der beiden, Caspar Cruciger und Martinus Luther, sind Professorenkollegen an der theologischen Fakultät. Doch Caspar ist zwanzig Jahre jünger. Er war einmal Student bei Philippus und Martinus.

Elisabeth Cruciger kommt aus Pommern. Auch sie stammt aus einem verarmten Adelsgeschlecht und wurde auf dem Gut derer von Meseritz geboren. Auch sie wurde ins Kloster geführt. Das stille, begabte Mädchen ordnete sich willig in die Gemeinschaft des Ordens ein. Die Aussicht, dass ihr durch Lateinkenntnisse die dicken Bücher in der Bibliothek erschlossen würden, motivierte sie zu schnellem Lernen. Sie konnte die täglichen Übungsstunden der Lieder für die Complet kaum erwarten. Andächtig und mit voller Stimme war sie bald eine wichtige Stütze im Nonnenchor. Sie fror nicht in der kalten Kapelle. Sie sang sich warm zur Freude und Ehre Gottes.

Die Kantorin merkte schnell, dass Schwester Elisabeth musikalisch hochbegabt war. Sie ließ sie einfache Lieder oder gar kleine Chorsätze komponieren. In der Complet setzte sie Elisabeth als Vorsängerin ein. Elisabeth liebte die Kantorin, die Musik und den Herrn Christus.

Elisabeth las auch gern in der Bibel. Im benachbarten Männerkloster dozierte ein Pfarrer, der neue Erkenntnisse zur Bibel einbrachte. Elisabeths Äbtissin hatte ihn eingeladen, um die Nonnen von ihm unterrichten zu lassen.

Elisabeth war tief beeindruckt von diesem Pfarrer Bugenhagen, der einen Gott der Liebe und Versöhnung aufzeigte. Er erzählte von Martinus Luther und seiner Erkenntnis von dem gnädigen Gott: „Sola gratia, sola fide, sola scriptura."

Als frommer Augustinermönch hatte Luther lange mit sich und Gott gerungen. Er war nicht leicht zu dieser Wahrheit gestoßen. Bugenhagen erzählte davon und zeigte an Texten aus dem Neuen Testament, welche befreiende Wahrheit dahinter steckt. Er berichtete auch von den 95 Thesen, die Luther veröffentlicht hatte, und ihrem Zweck. Bugenhagen interpretierte Luthers Lehre und die Bibel mit Wärme. Welch neuen, befreienden Glauben schloss er da in den Herzen vieler auf!

Als Bugenhagen Pommern verließ und nach Wittenberg ging, entschloss sich die achtzehnjährige Elisabeth von Meseritz, das Kloster zu verlassen und Bugenhagen nachzueilen.

Elisabeth Crucigers Magd bringt inzwischen Tee herein und kleine süße Brote. Daran knabbern die Kinder sofort genüsslich. Katharina erzählt von Martinus Berichten aus Coburg. Sie kommt auch plaudernd auf Luthers zwiespältiges Frauenbild zu sprechen. „Du weißt ja, dass er dein Lied ‚Herr Christ, der einig Gotts Sohn, Vaters in Ewigkeit ..' so gern mag. Und du weißt auch, dass er es schon 1524 in sein Liederbuch aufgenommen hat. Dass er deinen Namen nicht als Verfasserin darunter geschrieben hat, ist eigentlich typisch. Oder war sein Denken über die

Frauen damals noch nicht so weit? Ach, Unsinn, er hätte wohl jetzt noch Scheu, den Namen einer Frau unter so eine hoch geistliche Aussage zu setzen. Du bist schon eine begabte Frau, Elisabeth! Dein Lied besticht mich durch seine Innigkeit, die Verbindung von biblischer Aussage und mystischen Bildern und dem Wissen um die Christuszugehörigkeit. In der Epiphaniaszeit haben wir dein Lied oft bei Tisch gesungen."

„Ja weißt du, Katharina, das Musizieren und das Glaubensleben sind meine beiden großen Stützen. Und wenn ich meditiere, kommt dann manchmal so ein Liedchen heraus. Dies habe ich jetzt für Erntedank gemacht. Ich schenk' es dir." Katharina ist überrascht und nimmt das Liedblatt gerne an.

Die beiden Frauen freuen sich darüber, dass Gottes Fügung sie zusammengeführt hat. Ohne Luthers reformatorische Gedanken wären die beiden adligen Nonnen nie aus dem Kloster gegangen. Die zarte, aber couragierte Elisabeth war schon ein Jahr vor Katharina soweit gewesen. Und schnurstracks war sie zum Zentrum der neuen Gedankenwelt aufgebrochen: nach Wittenberg. Johannes Bugenhagen war hier Stadtpfarrer geworden. Er und seine Frau Walpurga nahmen ohne Zögern die junge entlaufene Nonne in die Familie auf.

Elisabeth erhielt die Möglichkeit, zu einem ganz anderen Menschen heranzureifen. Traumhaft schön war es für das junge Mädchen, im Pfarrhaus ein Familienleben kennen und lieben zu lernen. Sie traf auf viele Gäste, die bei Bugenhagens ein- und ausgingen.

Zu ihnen gehörte auch der junge Student Caspar Cruciger. Bald erschien er immer häufiger. Walpurga neckte Elisabeth. Der Caspar habe sich wohl in ihre schönen Augen verguckt. Ob es nur die Augen waren? Jedenfalls verliebten sich die beiden jungen Leute im Hause des Stadtpfarrers bald ineinander – unter den Blicken der wohlmeinenden und verständnisvollen Walpurga Bugenhagen. Caspar Cruciger war ein sehr begabter junger Mann, der bei Melanchthon und Luther alte Sprachen und Theologie studierte. Mit Freuden und auch mit einem gewissen Eifer richtete Walpurga ihnen beiden eine großartige Hochzeit aus. Elisabeths Verwandtschaft aus Pommern war sogar zu Gast.

Als Elisabeths Mann den Doktorgrad erworben hatte, schickte ihn Luther als Pfarrer und Schulleiter nach Magdeburg. Dort verlebten die beiden ihre ersten glücklichen Ehejahre. Beide waren erst Anfang zwanzig. Elisabeth gebar zwei Kinder, denen Caspar bei der Taufe ihre eigenen Namen gab.

Und die beiden, der kleine Caspar und seine Schwester Elisabeth, sitzen jetzt hier, süße Brote knabbernd, auf dem Teppich und necken Katharinas kleine Tochter Magdalene, die sich ihnen kreischend immer wieder entzieht.

„Es ist so schön, dass ihr wieder nach Wittenberg zurückgekommen seid und dass wir uns kennengelernt haben und Freundinnen geworden sind."

„Dein Martinus hat Caspar an die Universität haben wollen."

Katharina und Elisabeth unterhalten sich über ihre beiden Männer. Sie arbeiten nicht nur an der theologischen Fakultät zusammen. Cruciger ist gewandt im Hebräischen und hilft Martinus bei der Übersetzung so mancher Kapitel des Alten Testaments. Dazu ist er sehr schnell mit dem Federkiel. Viele Predigten Luthers schreibt er wortwörtlich mit. Und wenn Martinus sich auch noch so erregt und seine Sätze schnell und polternd herausstößt – Caspar Cruciger schafft es, ihm zu folgen. Martinus meint bewundernd, er sei der schnellste Schreiber, den er kenne.

Katharina will nach Hause gehen. Sie lobt die Teemischung und das süße Brot. Elisabeth wehrt ab. „Das ist nicht mein Werk. Brot backen kann ich nicht. Ich bin im Haushalt nicht sehr geschickt. Darum bewundere ich dich um so mehr, Katharina. Wie kannst du all das nur schaffen? Die vielen, vielen Gäste, die Gärten, das Brauhaus. Ich bekomme schon Herzklopfen, wenn ich daran denke, und an die viele Arbeit, die daran hängt."

„Na ja, du tust andere Dinge, um die ich dich bewundere. Du weißt ja, Gott hat uns verschiedene Talente gegeben. Wenn wir mit ihnen etwas leisten, ist das schon richtig und gut.

Lass es dir gut gehen, Elisabeth. Grüß deinen Caspar herzlich."

Katharina umarmt Elisabeth und streicht der kleinen Elisabeth und dem kleinen Caspar liebevoll über den Kopf. Hänschen will noch nicht gehen. Doch er muss mit. Magdalene streckt ihrer Mutter die Arme entgegen. Sie will getragen werden. Nun gut, vorerst soll es so sein.

Elisabeth Cruciger und ihre Kinder winken ihnen nach.

Vier „K's":
Kinder, Küche, Kirche, Krankenzimmer

Katharinas Augen blitzen. Ganz gegen ihre Gewohnheit wirbelt sie tanzend durch Martinus' Studierzimmer, so dass einige Manuskriptseiten auf den Fußboden flattern. Sie stürzt auf Martinus zu und reißt ihn fast vom Stuhl.

Der Kurfürst hat den Luthers das Schwarze Kloster geschenkt. Es ist jetzt ihr Eigentum. Katharina kann sich kaum fassen vor Freude. Martinus sieht das gelassener. Sie waren doch schon lange die Bewohner dieses Hauses, und keiner hatte es ihnen bisher streitig gemacht. Katharina aber empfindet es anders: Das Schwarze Kloster mit seinen Nebengebäuden ist jetzt im Besitz der Familie Luther. Eigentum kann jeder nach seinen Vorstellungen gestalten, ohne Sorgen, dass andere sich einmischen dürfen. Katharina hat schon Ideen für Erneuerungen und Veränderungen. Aber sie ist klug genug, sie Martinus nicht gleich zu verraten. Denn immer wieder wirft er ihr das Trachten nach Besitz vor.

Katharina fragt sich manchmal selbst: Hat Martinus recht? Ist sie vielleicht wirklich besitzgierig? Liegt es daran, dass sie als kleines Kind die Armut kennenlernte? Wie hatten ihre Eltern darunter gelitten, dass sie wegen akuten Geldmangels Lippendorf aufgeben und auf das kleine Gut Zülsdorf ziehen mussten. Ist das der Stachel, der tief in ihrem Fleisch sitzt? Und der noch tiefer eindrang, als sie wegen fehlenden Geldes für Bildung und ordentliche Mitgift ins Kloster abgeschoben wurde? Doch sofort kommen ihr wieder akzeptable Entschuldigungen in den Sinn. Hat sie nicht Vorsorge zu tragen? Für den Moment dafür, dass genug Kohl und Fleisch auf dem Tisch steht. Und für später, dass die Kinder und sie selbst nicht einmal in tiefe Armut fallen.

Katharina gebiert sechs Kinder, drei Söhne und drei Töchter. Viel Freude, aber auch Leid kehrt mit ihnen ins Schwarze Kloster ein. Da ist Hänschen, der schon 1526 geboren wurde. Sein kleines Schwesterchen Elisabeth wird nur knapp ein Jahr alt. Mit sehr viel Trauer wird Elisabeth verabschiedet. Katharina glaubt, dass die schwere

Zeit ihrer Schwangerschaft während der Pestepedemie dem kleinen Mädchen nicht genug Kräfte mitgegeben habe. Elisabeth ist immer schwächlich geblieben. Muhme Lene und sie haben der Kleinen das Beste eingeflößt, was in der Zeit nach der Pest aufzutreiben war. Sie hat mehr Zuwendung erhalten als Hänschen, der Erstgeborene, eineinhalb Jahre vor ihr. Doch Elisabeth starb.

Schon ein knappes Jahr danach kehrt neues Leben im Schwarzen Kloster ein. Magdalene wird geboren. Vielleicht, weil ihre Schwester so früh gestorben ist, wird Lenchen mit besonderem Wohlwollen betrachtet. Aber Lenchen ist auch ein ausgesprochen liebenswertes Kind, das besonders dem Vater eng ans Herz wächst.

In den folgenden Jahren, nach dem Coburg-Aufenthalt Luthers, gebiert Katharina noch zwei Söhne, Martin und Paul, und in dem bösen, kalten Winter 1534/35 schließlich noch Margarethe.

Dieser Winter zeigt sich mit ungewöhnlich starkem Frost. Die Bewohner des Schwarzen Klosters frieren. Die wenigen Öfen kommen gegen die extreme Kälte nicht an. Katharina träumt von einem großen Kachelofen in der Stube im ersten Stock. Hier könnte sich die Familie sammeln und wärmen. Eine Bank um den Ofen wäre doch wunderbar!

Mit kalten Händen und blauen Lippen schwärmt die hochschwangere Katharina ihrem Martinus von dem Kachelofen vor. In ihrem Zustand und angesichts der bitteren Kälte ein sehnsuchtsvoller und verständlicher Wunsch. Doch wie immer sieht Martinus primär die Unruhe während des Bauens und die Kosten. „Im Sommer brauchst du einen Garten, im Winter einen Kachelofen! Bin ich ein Krösus? Bin ich ein reicher Edelmann oder gar ein Erzbischof, der sich Gelder von Gläubigen holt?

Domina, du hast zu viele Wünsche! Wer soll das bezahlen, verehrte Hauswirtschaftsleiterin?"

Martinus nimmt sie tröstend in die Arme. Katharina spürt seine Körperwärme, die erheblich höher ist als die ihre. Sie lässt seine Wärme an sich heran und genießt das Stillestehen und Ausruhen an seinem kräftigen Leib. „Wie schön, Martinus, wenn unser neues Kleines in dem Säuglings-Bettkasten neben dem wärmenden Ofen stehen kann. Das wäre himmlisch für das Kleinste, aber auch für alle anderen, für Euch und für mich. Der Ofen würde uns alle in diesem Raum zusammenführen. Martinus denkt doch, wäre das nicht wunderbar!"

Eine Woche vor Weihnachten 1534 tut Margarethe in die klirrende Kälte hinein ihren ersten Schrei. Muhme Lene und die Magd haben mit viel warmem Wasser und angewärmten Tüchern vorgesorgt. Dem kleinen Mädchen und seiner Mutter soll es an nichts fehlen.

Und Margarethe gedeiht. Alle nennen sie liebevoll Maruschel.

Der Winter ist kaum vorbei. Am Rande des Teiches sind noch Eisreste zu sehen. Da kommen schon die Handwerker. Katharina lässt im ersten Stock einen großen Kachelofen errichten und die große Stube ausbauen. Die Stadt Wittenberg hat Bauholz zur Verfügung gestellt, so können auch die Wände getäfelt werden. Der Fußboden strahlt sauber und wie neu. Lisa hat alle Fettflecken mit einem Speckstein bearbeitet. Es war mühsam, aber es hat sich gelohnt. Nach zweimaligem, kräftigen Scheuern ist er viel heller geworden. Die dunkleren Astlöcher lassen ihn lebendig aussehen. Katharina will den Boden auch nicht mehr mit Sand bestreuen, so wie es in anderen Häusern üblich ist. Zum Saubermachen wird dort der Sand bloß zusammengefegt und neuer über den Boden gestreut.

Nein, das liebt sie nicht. Sie ist überzeugt, dass das Sand-Staub-Gemisch ungesund für die Kinder ist.

Schön wäre ja in der Wohnstube ein Teppich. Doch da hört sie Martinus schon wieder sagen: „Bin ich ein Edelmann, meine Herrin von Bora?" Wenn doch die vornehmen Gäste nicht nur die unnützen Silberbecher, Ringe und Amulette als Geschenk daließen. Könnte nicht einmal einer einen Teppich schenken? Katharina erwägt ernsthaft, diesen Wunsch gelegentlich zu äußern.

Der neugestaltete Raum ist bald die Familienstube.

Zu den fünf eigenen Kindern haben sich noch einige andere dazu gesellt: die beiden verwaisten Buben Fabian und Andreas Baumann und deren Schwestern Else und Lene. Die vier sind Kinder von Martinus' verstorbener Schwester. Dazu kommen noch zwei Kinder von Katharinas Cousine zur Familie. Elf Kinder sind nun zu erziehen und zu versorgen.

Im Garten hat Martinus eine Kegelbahn anlegen lassen. Für alle Kinder ist es ein großer Spaß, wenn der Doktor mit ihnen die Kugel rollen lässt. Wenn „alle Neune" gefallen sind, hört es unter Garantie auch Katharina im Haus. Die Melanchthon-Kinder kommen durch die Zaunlücke gekrabbelt und spielen begeistert mit. Manchmal sehen die zwei Katharinen dem bunten Treiben lächelnd zu.

Die große Kinderschar, die noch größere der Studiosi, die Dauergäste und die vielen spontan hereinschneienden Besucher bringen natürlich eine ungeheure Arbeitsbelastung mit sich. Da muss Katharina die Mägde anhalten, planen, organisieren, Betten herrichten, backen und in Riesenkesseln kochen. Dazwischen ertönt Geschrei im Hof oder auf der Treppe, das Streiten der Studiosi unter dem Birnbaum und das Ankommen eines neuen Gastes.

Als der Fürst von Anhalt im Schwarzen Kloster einige

Tage Quartier nehmen will, rät ihm ein Freund dringend davon ab: „Im Haus des Doktor Luther wohnt eine wunderbar gemischte Schar, aus jungen Leuten, Studenten, jungen Mädchen, Witwen, alten Frauen und Kindern bestehend, weshalb große Unruhe in dem Hause ist, deretwegen viele Luther bedauern."

Katharina kommt dies zu Ohren. Sie bedauert nicht, dass der Fürst von Anhalt ihre Gastfreundschaft verschmäht hat. Aber es tut ihr weh, wie die Menschen das Schwarze Kloster mit seinem bunten Leben beurteilen. Die Hilfsbereitschaft und christliche Nächstenliebe von Martinus und ihr werden auch noch kritisiert!

Und Martinus? Ist er wirklich zu bedauern? Katharina meint zu sehen und zu spüren, dass er gerade durch das muntere Kommen und Gehen und den lebendigen Austausch von Jung und Alt Anregungen zu neuer, tieferer und lebensorientierter Arbeit findet. Er kann sich ja auch jederzeit in sein Studierzimmer zurückziehen, wenn ihm das Treiben zu viel wird. Das tut er auch, und fast alle respektieren dies.

Zu denken gibt Katharina allerdings Martinus' Entschluss, Hänschen in die Schule nach Torgau zu geben. Der Trubel im Haus scheint Hans zu viel abzulenken und ihn nicht zu geregelten Studien kommen zu lassen. Hänschen ist wissensmäßig noch nicht auf einem guten Stand.

Katharina schmerzt es, sich von ihrem Erstgeborenen zu trennen. Auch Martinus fällt der Abschied nicht leicht. Aber schließlich ist auch dies überwunden.

Katharina kann sich nicht genug darüber freuen, wie gern Martinus in die kinderüberfüllte Familienstube kommt. Es ist eigentlich alles noch besser geworden, als Katharina es sich erträumt hat.

Katharina bemerkt, dass gerade, wenn Martinus wieder

einmal von seinen Depressionen geplagt wird, er den Aufenthalt in der Familienstube wie ein Lebenselixier sucht. Dann fragt vielleicht das Lenchen: „Vater, darf ich Euch die Laute bringen?"

Es ist eine Familienidylle, wenn Vater Luther die Saiten zupft und dazu singt. Auch Katharina fällt in den Gesang ein, und die großen Kinder unterstützen sie bei den Liedern, die sie kennen. Katharina sorgt dafür, dass die beiden Hauslehrer die Lieder mit den Kindern lernen.

Nicht zuletzt mit seinen Liedern bringt Luther die Reformation unter die Leute. Die starken Aussagen im Text vermitteln klar das Evangelium, das die Menschen singend aufnehmen. Ja, manchmal sieht Katharina junge Burschen und Mädchen durch die Gassen tanzen, die mehr oder weniger melodisch singen: „Nun freut euch, lieben Christen gmein..." Sie muss schmunzeln. In Nürnberg gibt es einen Schuhmacher namens Hans Sachs. Der nennt doch Martin Luther „die Nachtigall aus Wittenberg", besonders wegen des Liedes „Die beste Zeit im Jahr ist mein, da singen alle Vögelein...", das ihm so gut gefällt.

Also auch in Nürnberg sind Martinus' Lieder beliebt. Katharina beschließt, wenn Martinus sie wieder liebkosend oder auch spöttelnd „Morgenstern zu Wittenberg" nennt, zu kontern mit: „Ja, ja, liebe Nachtigall von Wittenberg." Daraufhin werden sie sich lachend in die Arme fallen. Das ist gewiss.

Martinus ist ein begnadeter Liederdichter. Er hat viele Freunde, die die Lieder in Schulen, in Kirchen und auf Flugblättern verbreiten. Mit seiner sonoren Stimme und der Überzeugung, mit der er hinter den Texten steht, ist er selbst ein Multiplikator. Wie gern singen alle mit bei Tisch und in der Familienstube.

In der Advents- und Weihnachtszeit ist das Singen

besonders schön, weil es mit dem Warten auf das Christuskind verbunden ist. Wie lieben die Kinder ihr Engellied mit dem Kyrieleis „Gelobet seist du Jesus Christ..."
Der Vater fügt immer eine kleine Katechese an, damit die Kinder auch verstehen, was sie da singen.

Martin Luther und Katharina von Bora im Familienkreis
Lithographie des 19. Jahrhunderts
© Bildarchiv Preussischer Kulturbesitz, Berlin, 1998

Weihnachten 1539 wird Mutter Katharina so sehr beschenkt, dass sie vor Freude weinen muss. Hans sagt die Weihnachtsgeschichte aus dem zweiten Kapitel des Lukasevangeliums auf. An der Stelle, wo der Engel auftritt, hält er inne. Da singt Lenchen mit glockenheller Stimme: „Vom Himmel hoch, da komm ich her, ich bring euch gute neue Mär..." Fünf Verse singt sie. Dann fallen alle anderen mit ein. „Des lasst uns alle fröhlich sein und mit den Hirten gehn hinein..." antworten sie auf die frohe Botschaft des Engels. Nach dieser gemeinsamen Strophe singt jedes Kind einen weiteren Vers. Sogar die fünfjährige Maruschel singt mit ihrem zarten Stimmchen „Ach, mein herzliebes Jesulein, mach dir ein rein sanft Bettelein...".

Katharina kullern die Tränen über die Wangen. Sie nimmt alle kleinen Sänger und Sängerinnen einzeln in den Arm und küsst sie liebevoll, ihre eigenen Kinder und ihre Ziehkinder; die ganze große Kinderschar. Und sie küsst und drückt ihren Martinus.

Die Überraschung ist voll gelungen. Martinus hat den schon vor Jahren gedichteten Text in diesem Jahr ohne ihr Wissen vertont. Er und die Hauslehrer haben das Liedchen so eingeübt, dass es auf Katharina wie ein Krippenspiel wirkt. Katharina ruft: „Martinus, ich danke Euch. Kinder, ich danke euch allen. Gott, danke, danke! Welch schönes Weihnachtslied. Oh, wenn das doch in viele Familienstuben dringen könnte und alle so ihre Freude daran haben!"

Das Lied ist viel zu schön, um nicht angenommen zu werden. „Vom Himmel hoch" erobert bald die Weihnachtsgottesdienste und wird in den Familien bekannt.

Katharina kann nicht jeden Gottesdienst besuchen, in dem ihr Mann die Predigt hält. Wenn es möglich ist, marschiert sie gern mit möglichst vielen ihrer Kinder in die

Kirche. Aber ab und zu geht sie bewusst allein, um intensiver auf die Predigt hören zu können. Dreimal wöchentlich predigt Martinus allein in der Stadtkirche. Katharina hört auch gern eine Predigt von Bugenhagen, von Cruciger oder auch von Jonas oder Agricola. Aber der Gottesdienstbesuch ist keine tägliche Pflicht mehr wie im Kloster Marienthron. Sie geht aus freiem Willen hin. Sie ist gern in der gemischten Gemeinschaft der Gläubigen Wittenbergs. Da sind die Kinder mit den Eltern und Großeltern, die Studenten und die Professoren, die Bauern, die Kaufleute, die Patrizier. Und sie alle hören jetzt das Evangelium in deutscher Sprache. Oh Martinus, was hast du Großes bewirkt! Eine Tat, die voller Segen sein muss. Jeder kann jetzt Gottes Wort verstehen! Katharina kann die Gegner Luthers nicht begreifen! Wie sie ihn bekriegen und immer wieder versuchen, ihn in die Enge zu treiben. Warum nur? Er hat doch die Wahrheit ans Licht gebracht.

Und diese Wahrheit ist befreiend!

Für Katharina kann auch ein Krankenbesuch zum Gottesdienst werden. Wenn die Marktfrau Martha dringend Hilfe braucht, weil sie mit hohem Fieber und schweißgebadet allein in ihrer Bude haust, geht Katharina auch mal während der Predigt von Martinus dorthin. Oder wenn der Kutscher Ignaz vor Schmerzen wie ein Tier brüllt, seine Frau hilfesuchend zu Katharina kommt, mischt sie mit Muhme Lene eine Arzenei zusammen und eilt der Frau des Ignaz nach.

Krankheiten gibt es genug im Schwarzen Kloster. Bei so vielen Kindern hat immer eines die Bräune, die Windpocken, Masern oder einen bösen Husten. Katharina und Muhme Lene trösten, lindern mit Kräuteraufgüssen den Husten, hantieren mit heilenden Salben und kühlen oder wärmen mit frischen Tüchern.

Nicht jede Krankheit geht gut aus. Die kleine Elisabeth ist ihnen trotz aller Arznei und liebevoller Zuwendung gestorben. Im fernen Italien stirbt auf einer Studienreise der älteste Sohn des von ihr so verehrten Malerehepaars Lucas Cranach. Barbara Cranach ist vom Schmerz gezeichnet. Zuweilen fällt sie in tiefe Melancholie. Der große Maler freut sich, wenn die Lutherin kommt und seine Frau etwas aufheitert.

Katharina verliert in diesen Jahren auch zwei ihrer besten und engsten Freundinnen. Katharina Jonas ist gestorben und Elisabeth Cruciger. Elisabeth ist nur einunddreißig Jahre alt geworden. Elf Jahre war sie mit Caspar verheiratet. Ihr Mann ist untröstlich. Katharina ist zu ihrer Trauer tief erschrocken. Da ist noch so viel, was sie gemeinsam tun wollten.

Auch von den Gästen erkrankt ab und zu jemand. Doch nirgends sind die Kranken besser aufgehoben als im Schwarzen Kloster. Doktor Schurff, der ab und zu einmal gerufen wird, weiß das nur zu gut. Katharina, die voller Ungeduld sein kann, zeigt sich in der Pflege der Kranken geduldig und konsequent.

Seit Wochen ist im Schwarzen Kloster die kranke Kurfürstin Elisabeth von Brandenburg zu Gast. Für Katharina ist sie eine bemitleidenswerte Frau, die ihr aber viel Beschwer macht. Die Kurfürstin ist durch die Religionsstreitigkeiten innerhalb ihrer Familie seelisch krank geworden. Sie ist eine dänische Prinzessin. Die Luthers kennen ihren Bruder Christian II. von Dänemark. Er hat in seinem Land den evangelischen Glauben eingeführt.

Vor Luthers Heirat war dieser zu Besuch bei seinem Onkel, Kurfürst Friedrich dem Weisen, einem Bruder seiner Mutter, gewesen. Von Torgau aus besuchte er Luther und diskutierte mit ihm. Auch bei dem berühmten Maler

Lucas Cranach kehrte er in der Absicht ein, sich von ihm malen zu lassen. Der damals im Hause anwesenden Katharina von Bora, die gerade aus dem Kloster entwichen war, schenkte er einen kostbaren Ring. War es Anerkennung ihrer mutigen Tat oder Verehrung?

Christian von Dänemark ist ein nicht gerade vorbildlicher Vertreter des protestantischen Glaubens, wie Katharina bald erfährt. Er gilt als geldgierig und brutal, wodurch er sein Königreich gefährdet und schließlich verliert.

Seine Schwester Elisabeth ist mit dem engstirnigen und fanatischen Kurfürsten Joachim I. von Brandenburg verheiratet. Der nun wieder ist der Bruder des Erzbischofs von Mainz, dem Albrecht von Brandenburg. Innerhalb ihrer engsten Familie gibt es also sowohl erbitterte Feinde als auch Beschützer Luthers. Zu den letzteren gehörte der verstorbene Kurfürst Friedrich der Weise und jetzt sein Bruder und Nachfolger Kurfürst Johann von Sachsen, beide Brüder ihrer Mutter. Trotz der Meinungsverschiedenheiten treten ein Vierteljahrhundert lang zwischen den Eheleuten keine Differenzen auf. Elisabeth schenkt dem Kurfürsten fünf Kinder.

Den Mann der Kurfürstin, Joachim I. von Brandenburg, kennt Martinus seit dem Reichstag von Worms, wo er von ihm böse angegriffen wurde. Auch später auf dem Reichstag zu Augsburg wetterte er gegen Luther und alle Ketzer.

Durch ihren Bruder und durch vorbeiziehende lutherische Prediger hatte Elisabeth Gelegenheit, mit den Gedanken Luthers in Berührung zu kommen. Auf dem Krankenbett erzählt die Kurfürstin, dass sie besonders die Gespräche mit ihrer Schwägerin beeindruckten. Isabell, die Ehefrau von Christian II., hat wie ihr Mann die lutherische Lehre angenommen. Sie ist aber die Schwester von

Kaiser Karl V. Der oberste Herr der weltlichen, katholischen Macht ist ihr Bruder!

Katharina ist so erregt, als sie das hört, dass sie vergisst, einen Wickel für die Herzogin auszuwechseln. Was ist die Welt kompliziert! Welch eine Unruhe haben Martinus' befreiende Erkenntnisse über die Länder gebracht, und wie viele Familien haben sie entzweit! „Gott, aber es war doch dein Wille?!"

Als Katharina die kranke Kurfürstin wäscht, erfährt sie, dass die Lieder von Martinus auch in Brandenburg gesungen wurden. Doch der papistische Kurfürst bemerkte es und erließ sofort ein Verbot gegen Luthers deutsche Kirchenlieder.

Trotzdem übernahm Elisabeth die lutherische Lehre: Sie nahm das Abendmahl in beiderlei Gestalt. Ihre zweite Tochter verriet das sofort dem heimkehrenden Vater.

Kurfürst Joachim I. wurde wütend. Er stellte seiner Frau ein Ultimatum, bis zu dem sie dem lutherischen Bekenntnis abzuschwören hätte.

Elisabeth von Brandenburg floh zu ihrem Onkel Kurfürst Johann von Sachsen auf dessen Residenz in Torgau. Es folgten familiäre und politische Machtansprüche hin und her und dazu Stellungnahmen von Theologen. Der Herzog von Brandenburg verlangte von seiner Frau die Rückkehr zu ihm und zum katholischen Glauben. Die Herzogin von Brandenburg war aber nur bereit zurückzukehren, wenn sie einen Prediger ihres Glaubens erhielt. Für Kompromisse in Glaubensdingen war sie nicht zu haben. So blieb die Herzogin vorerst im Herrschaftsbereich des evangelischen Kurfürsten von Sachsen.

Zehn Jahre lang kein eigenes Geld, keinen Besitz, dazu große Unsicherheit, wie es weitergehen soll. Dies alles war zermürbend und griff die Herzogin seelisch und körper-

76

lich an. Im Jahre 1537 landet sie schließlich zur Pflege im Schwarzen Kloster.

Martinus und Katharina gestehen es sich selbst nicht laut ein. Aber bald merken sie, dass ihre ihnen selbstverständliche Hilfe für eine tapfere Glaubensschwester über ihre Kräfte geht. Die Kurfürstin Elisabeth von Brandenburg ist psychisch krank. Sie muss unter ständiger Beobachtung stehen. Dazu ist die Kurfürstin sehr anspruchsvoll. Ihre Tochter, die sie einstmals wegen ihrer Konversion verraten hatte, besucht sie. Kurfürstin Elisabeth von Braunschweig kommt mit großem Gefolge und erwartet Unterkunft im Schwarzen Kloster. Schnell wird versucht, in einigen Räumen notdürftig etwas fürstlichen Glanz herbeizuzaubern. Sechs Wochen bleibt sie da. Gewiss, Katharina ist jetzt entlastet, weil nicht sie oder Muhme Lene ständig von der kurfürstlichen Kranken beansprucht werden. Aber für die Zubereitung der Mahlzeiten wird mehr Zeit gebraucht. Zudem ärgert sich Katharina über mäkelige Hofdamen, die in dem von ihr zubereiteten Essen herumstochern. Sie passen in ihrer Aufmachung weder ins Schwarze Kloster noch in den Garten, in dem sie gern flanieren und mit den Studenten herumschäkern.

Als die Tochter mit ihrem Gefolge abgerauscht ist, wird die Pflege noch schwieriger. Wenn die Herzogin von Brandenburg ihre Ausfälle hat, taucht sie plötzlich im Schlafzimmer der Luthers auf oder besucht am helllichten Tag in ihrem langen, weißen Nachthemd Martinus im Studierzimmer. Bekommt sie einmal von ihren Söhnen Geld, gibt sie es wahllos an andere weiter. Auch Martinus schenkt sie einen Becher mit hundert Goldgulden. Er will und kann ihn von der Kranken natürlich nicht annehmen. Die Kurfürstin ist darüber höchst erbost. Martinus schreibt dem Kurfürsten und bittet um Hilfe.

Katharina und Muhme Lene sind mit ihrer Kraft am Ende. Alles dreht sich nur noch um die Kurfürstin, die oft so kindisch und eigenwillig ist, dass sie die Suppe nur isst, wenn Katharina sie ihr einflößt. Während einer dieser Prozeduren poltert die Magd Lisa aufgeregt herein. „Herrin, Herrin, kommt nur rasch! Muhme Lehne ist am Herd zusammengebrochen. Ihr geht es ganz schlecht."

Sofort übergibt Katharina den Löffel an die Magd. Sie schürzt den Rock und stürmt zur Tür hinaus.

Muhme Lene ringt nach Luft. Ihr Gesicht ist vor Anstrengung ganz rot. Ihre Lippen sind spröde. Zusammengesunken hockt sie wie ein Häuflein Elend auf dem Küchenstuhl. „Meine Zeit ist um, Käthe", flüstert sie und gibt der vertrauten Nichte die Hand. Katharina schickt Lenchen zu Doktor Schurff. „Schnell, schnell, es ist eilig!" Wolf, Lisa und sie tragen Muhme Lene in ihre Stube im oberen Stockwerk. Katharina schüttelt ihr Bett auf. Behutsam setzen Wolf und die Magd sie ins Bett. Durch stützende Kissen bleibt der Oberkörper fast aufrecht. Katharina hat Angst, dass ihre geliebte Muhme sonst erstickt. Die Atemnot ist wirklich beängstigend. Katharina schickt Lisa in die Küche, um Minzensaft zu holen. Wolf soll Doktor Schurff entgegengehen. Sie entblößt Muhme Lenes Oberkörper und massiert Brust und Rücken mit Minzenöl. Wird das Atmen leichter? Doktor Schurff macht ein bedenkliches Gesicht. Lunge und Herz scheinen nicht richtig zu arbeiten. Katharina schickt nach Martinus. Es dauert ihr viel zu lange, bis er kommt. „Muhme Lene", sagt er tröstend zu ihr, „Ihr seht morgen das Tageslicht in Wittenberg wieder oder das große Licht im Himmel." Muhme Lene haucht: „Im Himmel." Lenchen schmiegt sich ängstlich an die Mutter. Muhme Lene ringt nach Luft, reißt ihre Arme hoch und stirbt. Lenchen schluchzt, Katharina weint, Martinus spricht ein Gebet. Doktor Schurff drückt der Toten die Augen zu.

Katharina ist erst einmal ratlos. Ihre Muhme Lene, das Herzstück der Kinderstube und des ganzen Schwarzen Klosters, ist nicht mehr!

Wie durch einen Nebel hört Katharina Pferdegetrappel. Kurz darauf kommt Martinus: „Die Herzogin von Anhalt will mit einigen Bediensteten kommen, um ihre Mutter zu besuchen." Sie ist die andere Tochter der kranken Herzogin von Brandenburg. Katharina ringt die Hände. Nein, nicht schon wieder! Das Haus ist voll. Und Tante Muhme muss beerdigt werden. Martinus beschwichtigt sie: „Wir können doch die Herzogin nicht beleidigen, liebes Käthchen." Aber Katharina ist nicht zu erweichen: „Wir wollen nicht beleidigen. Aber wir müssen einmal ein klares Nein sagen. Ihr könnt es ihr erklären, Martinus. Wir können nicht. Gib dem Boten einen Krug Bier."

Muhme Lene fehlt Katharina bald an allen Ecken: ihre aufmunternden Worte, ihre Umsicht, ihr Trösten, ihre umfassenden Kenntnisse in der Heilkunde. Katharina ist klar, dass ihr Tag von nun an noch eine Stunde länger dauern wird. Sie muss viel länger in der Küche zubringen. Die Mägde brauchen dringend Anleitung und Aufsicht. Gleich am Tag nach Muhme Lenes Begräbnis brennt die Suppe an. Sogar Martinus bemerkt, dass Katharina fast immer mit erhitztem Gesicht zu Tisch kommt. Bis zur letzten Minute muss sie überall noch Hand anlegen. Da fehlt in der Suppe ein Schuss Wein, das Salz im Grützbrei und das Bier in der Tunke.

***

Aber Martinus und den Gästen fehlt es trotzdem weiterhin an nichts. Katharina muss lachen, wenn sie ihn genüsslich schmausen sieht. Er hat ganz schön an Gewicht zugelegt! Ein Doppelkinn hat er bekommen. Manchmal vergleicht sie die Porträts, die Lucas Cranach malte. Da sieht man es ganz deutlich. Von Jahr zu Jahr ist Martinus kräftiger geworden, sein Gesicht viel runder. Vielleicht müsste er etwas weniger essen und weniger von ihrem Bier trinken. Doch Martinus liebt ein kräftiges Mahl und einen großen Schluck. Er wird nicht dünner werden. Die Braten und der Fisch sind vorzüglich wie immer. Katharina tut ihr Bestes. Und alles gelingt. Die Magd Lisa wird ihr bald eine vertrauenswürdige Hilfe am Herd. Es geht ihr nur alles noch ein bisschen langsam von der Hand. Luthers Morgenstern steht täglich noch eine halbe Stunde früher auf, um den Herd in Gang zu bringen.

Katharina nimmt Gänse und Hühner aus. Sie salzt Schweine- und Rindfleisch ein. Sie schuppt Karpfen. Dabei lehrt sie die Mägde das Brotbacken, das Buttern und Käseherstellen. Sie achtet darauf, dass die Krüge mit den Gewürzen stets abgedeckt in den Regalen stehen, der Herd und die Tischplatte und der Fußboden frisch gescheuert sind.

Wie ist sie dankbar, dass die Küche damals gründlich erneuert wurde! Was ist das für eine Erleichterung der Arbeit, wenn genügend Platz vorhanden ist und stets Wasser zur Hand.

In diesem turbulenten Haushalt gibt es immer wieder zusätzliche, besonders große Festtafeln. Da wird im Schwarzen Kloster die Promotion eines Doktoranden gefeiert, dort eine Hochzeit ausgerichtet. Gut hundert Personen finden sich dabei meist zusammen. Die Luthers zeigen sich als Gastgeber nicht kleinlich.

Auch die Kräuterküche muss in Gang gehalten werden. Zum Glück hat Muhme Lene Else und Lene Baumann im Kräutersammeln angelernt. Sie kennen gute Stellen in den Elbauen. Körbe voll Ampfer und Minze schleppen die beiden Nichten herbei. Katharina presst einen großen Teil aus und gewinnt frischen Saft. Der Rest wird getrocknet. Auch Schafgarbe und Baldrian gehen bald aus und müssen an anderen Plätzen gesucht werden. Die beiden Nichten sind dabei sehr geschickt. Sie nehmen fortan auch Lenchen mit auf ihre Sammeltouren.

Gutes und Böses

Eine große Arbeit ist geschafft. Im Frühjahr 1534 bringt Katharina die letzten übersetzten Seiten der Bibel zu Hans Lufft in die Druckerei. Zur Feier des Tages stellt sie sofort einen großen Krug Bier auf den Tisch. Und heute Abend gibt es nach einer köstlichen Suppe gebratene Fasane, Getreidemus und gedünstete Äpfel.

Was für ein Werk! Die ganze Bibel ist ins Deutsche übersetzt! Welch eine Arbeit dahintersteckt, hat Katharina hautnah erlebt. Wie hat Martinus um Übersetzungsmodalitäten gerungen. Wie oft ist er aus der Haut gefahren. Da liegt ihm ein Wort auf der Zunge, aber es kommt nicht über die Lippen. Oft schickt er ungeduldig zu Caspar Cruciger; wie oft läuft er durch den Garten zu Philippus. Durch eine kleine Tür kann er am Stadtwall entlang schnell in Melanchthons Garten gelangen. Luthers und Melanchthons sind Nachbarn. Oft sitzen Cruciger und

Melanchthon zusammen in Martinus' Studierzimmer. Manchmal sind auch Justus Jonas und Agricola dabei.

Jetzt liegt die gesamte Bibel vor. Hans Lufft strahlt. Das wird ein Jahrhundertwerk! Er will sich mit dem Druck beeilen. Bald wird Martinus eine schöne Bibel mit Kupferstichen seines Freundes Lucas Cranach und einem ansehnlichen Deckblatt in Händen halten.

Als Katharina die dicke Bibel in die Hände nimmt, weint sie vor Freude. „Nanu, mein Käthchen? Pass auf, dass deine Salztropfen nicht die Seiten verderben!" „Oh Martinus, diese Bibel werde ich lesen, von vorn bis zum Schluss. So wie Ihr Euch das schon lange von mir gewünscht habt."

***

Katharina lässt eine Badestube einrichten. Das ist etwas ganz Außergewöhnliches in einem Privathaushalt. Wie in vielen Orten gibt es auch in Wittenberg eine öffentliche Badestube. Katharina überzeugt jedoch Martinus mit Händen und Füßen und vor allem mit dem Mund, dass für ihre große Familie eine Badestube ein großer Gewinn ist. In den schönsten Farben malt sie ihm das aus. Martinus stöhnt: „Wenn die Weiber beredt sind, dann ist das nicht an ihnen zu loben. Es steht ihnen besser an, zu stammeln und nicht so gut reden zu können." So begegnet Martinus dem Wortschwall seines Herrn Käthe, wie er sie hier wieder nennt.

Katharina packt alle kleineren Kinder hintereinander in die Badewanne und schrubbt sie ab. Ein Gejauchze, Gekreische und ein Wohlfühlen ist die Folge. Auch Martinus lobt bald die neue Einrichtung. Zwar nimmt er sie nicht oft in Anspruch, aber er freut sich, wenn er eine duftende Frau neben sich liegen hat. Nach besonders anstrengenden Tagen genehmigt sich Katharina gern ein erfrischendes oder auch ein beruhigendes Kräuterbad. Und manchmal verwöhnt sie sich mit einem Bad voll edelriechender Blütenblätter.

Martinus steht im Briefwechsel mit Frauen und Männern aus vielen Ländern. Da schickt ihm ganz unvermittelt Frau Dorothea Jörger aus Oberösterreich die stattliche Summe von fünfhundert Gulden zur Verteilung an bedürftige Theologiestudenten. Zwei Neffen von ihr studieren in Wittenberg. Vielleicht haben sie von der Not einiger Kommilitonen erzählt. Martinus und Katharina freuen sich riesig über diese großherzige Spende. Im späteren Dankschreiben teilt Luther ihr mit, dass er schon viel davon verteilt hat. Dabei habe er entdeckt, wie viel Studiosi durchs Jahr hindurch von Brot und Wasser gelebt und Frost und Kälte gelitten haben, um die Heilige Schrift und Gottes Wort zu studieren. „Euer Almosen ist eine große Labsal und Erquickung geworden."

***

Dreizehn Jahre sind Martinus und Katharina nun schon verheiratet. Die Liebe war nicht von Anfang an da. Aber beide lieben sich jetzt stark und innig. Das Familienleben der Luthers ist vorbildlich. Das müssen auch die Wittenberger zugeben, die vor einem Jahrzehnt gegen den ehemaligen Mönch und die entlaufene Nonne hetzten und über sie spöttelten.

Doch plötzlich überrascht sie aus heiterem Himmel ein Blitzgewitter: Ein Student der Wittenberger Universität verteilt eine polemische Hetzschrift gegen Luther. Wie kommt er nur dazu? In Wittenberg genießt das Ehepaar Luther große Anerkennung, und von dem christlichen

Familienleben kann sich jeder überzeugen. Natürlich gibt es im Land noch Anhänger des Zölibats für Priester. Frauen, die einen Priester heiraten, werden von manchen immer noch als Huren bezeichnet, was Martinus und Katharina empört.

Der Student ist erst ein Jahr in Wittenberg. Er nimmt Anstoß an der niederen Moral in der Stadt Wittenberg. Die kleine Residenzstadt ist in der Tat keine Stätte der Sittsamkeit, wie andere Städte in Deutschland leider auch nicht. Es ist eine sittenlose Zeit. Das schlechte Vorbild einer großen Zahl von Priestern und der Päpste in Rom hat dazu beigetragen.

Der Student nimmt als Aufhänger seines Pamphletes die Adresse von Martinus und Katharina Luther. Er beschimpft sie in niederträchtiger Weise. Beide sind zutiefst gekränkt. Während Martinus sich jedoch wehren kann und Maßnahmen ergreift – er ist schließlich Professor und der andere nur Student – frisst Katharina den Kummer in sich hinein. Zum ersten Mal in ihrer Ehe hat sie Magenschmerzen. Sie fühlt sich miserabel. Schließlich beschließt sie, auch etwas zu tun, etwas, was ihr als Frau möglich ist: sich den Kummer von der Seele zu reden. Sie will endlich wieder einmal Ave schreiben, ihrer vertrauten Freundin aus der Klosterzeit.

Aber zuerst geht sie zu Hans Lufft. Sie möchte Ave eine Bibel schenken und weiß, dass Martinus nie ein überzähliges Exemplar seiner Bücher vorrätig hat. Ein anderer würde sich ein Deputat an Büchern geben lassen. Nicht so Martinus. Katharina bittet Hans Lufft um eine Bibel. In diesen Jahren ist eine Bibel ein sehr kostbares Buch. Doch der Buchdrucker Lufft gibt Katharina ein Exemplar. Sie ist überglücklich und trägt das wertvolle Buch vorsichtig nach Hause.

84

„Meine Ave, Liebe und Friede in Christo.

Du weißt, dass Martinus und seine Freunde die Übersetzung der Bibel fertiggestellt haben. Ihr werdet noch keine Gesamtausgabe der Bibel erstanden haben. Viele Exemplare sind davon noch nicht vorhanden. Du, meine Liebe, sollst eine Bibel von mir haben. Diese Ausgabe ist ein Schatz. Du wirst es selbst bald merken. Martinus ist gerade wieder einmal auf einer längeren Reise. Doch ich weiß, er wird mein Tun richtig finden und dir Grüße ausrichten lassen.

Er schätzt dich ja sehr. Durch Zufall fiel mir ein Brief in die Hand, den er einmal einem seiner Freunde schrieb. Er freue sich, in seiner Doktorin ein treues, fleißiges, gehorsames Eheweib zu haben. ‚Ich hab sie von Herzen lieb, obwohl nicht Liebe mich hat in die Ehe eintreten lassen. Ich wollte nicht heiraten. Hätte ich das vorgehabt, hätte ich gewählt und mir von den Nönnlein die Ave von Schönfeld ausgesucht.' Ist das nicht süß?

Ich hoffe, dir geht es gut mit deinem Basilius und den Kindern! Durch deinen Mann, den Arzt Doktor Axt, bist du in ein ganz anderes Umfeld geraten. Oder berührt dich unsere Klosterzeit auch manchmal noch mit schwarzen Schwingen?

Ich bin ja in einem Kloster hängengeblieben und bin des Klosters Domina, jedenfalls für Martinus. Eine moderne Domina bin ich. Stell dir nur vor: Eine Badestube habe ich bauen lassen. Ins Schwarze Kloster! Die Kinder lieben sie und ich nicht minder. Und alle, auch Martinus freuen sich über die neu eingerichtete Familienstube. Richtig kleine Hauskonzerte veranstalten wir da.

Doch Ave, eigentlich bedrückt mich etwas. Das lässt mich nicht los. Vielleicht wird es besser, wenn ich dir mein

Herz ausschütte! Weißt du, ich fühle mich wie in alten Zeiten, wenn die Zeremonienmeisterin mit mir gar nicht zufrieden war.

Doch hier ist etwas viel Schlimmeres passiert. Ein hiesiger Student, ein Schweizer, der noch nicht lange in unserer Stadt ist, hat Martinus und mich geschmäht und beleidigt. Dies tat er in einer infamen Art und Weise durch eine böse Hetzschrift, die nun jeder lesen kann. Da habe ich in ehelicher Liebe und Gemeinschaft sechs Kinder geboren und sonst noch einiges getan. Doch in der Schrift bin ich wieder die entlaufene Nonne, sogar als Hure wurde ich bezeichnet, und Martinus als lüsterner Mönch. Er nennt Martinus einen Unruhestifter, der vieltausend Bauern ermordet hat. Das deutsche Land hätte nur seinetwegen so viel Unglück ertragen müssen.

Du hast diese Verleumdungen und bösen Angriffe nie erfahren. Auch meine leider schon verstorbene Freundin Elisabeth Cruciger nicht. Ihr seid auch einstmals Nonnen gewesen. Aber ihr habt eben beide Männer, die nicht auch noch Mönche waren! Das macht bei uns die Sache für Spötter besonders pikant. Bete für uns, dass dies alles einmal aufhört!

Wird mir denn die Nonne immer wieder vorgeworfen werden? Ich will ja dazu stehen, dass ich einmal eine war. Aber ich habe das Kloster in Vollkraft meiner Sinne bewusst und nachdenkend verlassen. Diese Klosterzeit hat mich geprägt, aber ich habe sie hinter mir gelassen. Ich bin Ehefrau, Mutter, Hausfrau und Geliebte. Ja, Ave, ich bin, wie du, auch Geliebte. Und ich scheue mich nicht, es auszusprechen. Ich stehe dazu. Und ich liebe ja auch und freue mich darüber.

Weißt du noch, wie unglücklich ich damals war, als ich mich in meiner ersten Liebe verraten fühlte? Du hast ja selbst mit mir gelitten. Erst waren wir beide im siebenten Himmel der Liebe. Du mit deinem Basilius, ich mit meinem Hieronymus.

Dann ging der Patriziersohn Hieronymus Baumgärtner nach Nürnberg, um von seinem Vater die Heiratserlaubnis zu erbitten. Und – kam nicht wieder. Ich fühlte mich verraten und bloßgestellt. Auch damals schlugen die Schatten der Vergangenheit zu. Eine entlaufene und mittellose Nonne kam als Schwiegertochter nicht in Frage.

Noch immer bin ich enttäuscht über diesen Mann Hieronymus, in den ich einmal verliebt war. Ich hatte ihm mehr Stärke und Selbstbewusstsein zugetraut. Doch Martinus findet sein Verhalten ganz in Ordnung. Kinder seien ihren Eltern zum Gehorsam verpflichtet! Er steht übrigens noch im Briefwechsel mit Hieronymus. Meistens grüßt er ihn dann von mir, ohne mich zu fragen: „Grüße von Eurer alten Flamme".

Hieronymus hat eine Frau geheiratet, die neun Jahre jünger ist als ich, und reich soll sie auch sein. So musste es wohl kommen. Der Martinus war für mich bestimmt. Und das ist gut so, sehr gut.

Und nun Gott befohlen, liebste Ave.

Grüß deinen Doktor Basilius von mir! Die Kunde kommt zu uns, dass er ein sehr angesehener Arzt ist und die Kranken zu ihm strömen.

Aber der Herr bewahre uns vor Krankheit, besonders vor Pest und Cholera, gegen die noch kein Kraut gewachsen ist und gegen die auch dein Doktor kaum etwas ausrichten kann.

Der Segen Gottes komme über dich und dein Haus.

Deine glückliche, angeschlagene und treue
Katharina Lutherin."

Herrin von Zülsdorf

Ratten werden an der Elbe gesichtet, sehr viele Ratten. Sie fallen bald in die Gassen und Straßen der Stadt ein. Mit ihnen kommt wieder die Pest nach Wittenberg. In Panik fliehen sogleich viele aus der Stadt. Martinus, Katharina und die Kinder bleiben. Katharina räuchert vorsorglich alle Räume mit Baldrian aus. Keine Ratte und kein Floh soll sich hier wohlfühlen und die gefährliche Krankheit mitbringen.

Das Schwarze Kloster wird dieses Mal von der Pest verschont. Aber vier neue Waisen werden in die Kinderschar eingereiht. Ein Kollege von Martinus ist mit seiner Frau an der Pest gestorben. Martinus bringt die armen Zurückgebliebenen einfach mit. Katharina hat nicht das Herz, Kinder abzuweisen. Die Weinenden und Verschreckten werden selbstverständlich aufgenommen. Doch die Mägde schimpfen. „Die Herrin wird mit den Kindern die Pest ins Haus bringen!" Die Vier kommen sofort in die Badewanne. Ihre Kleider werden draußen im Garten verbrannt. Die Kinder waren nicht angesteckt.

Dieses Mal verlässt die Pest schneller die Stadt. Aber Katharina geht es schlecht.

Ihr zerreißt es den Leib. Die Schmerzen lassen sie kaum zum Atmen kommen. Bald liegt sie in einer Blutlache. Immer mehr Blut strömt aus ihrem Körper. Sie weiß, dass sie ihr Kind verloren hat. Eine Fehlgeburt. Sie fühlt die Nähe des Todes. Wie durch einen Schleier sieht sie Martinus an ihrem Bett knien. Sie hört ihn sagen: „Es ist alles meine Schuld. Stirb mir nur nicht, meine Käthe. Stirb nur nicht."

Doktor Schurff und die Hebamme hantieren an ihr und um sie herum. Die Magd bringt einen Stapel neuer Tücher. Katharina lässt die Kinder rufen. Ängstlich schmiegen sie sich an den Vater. Lenchen streichelt ganz sanft ihre Hand. „Liebe, liebe Mutter, bleibt bei uns!"

Katharina erholt sich sehr langsam. Aber sie ist wieder unter den Lebenden. Sie wird nie wieder gebären können. Aber wichtiger ist jetzt, dass sie ihren lebenden Kindern Mutter bleiben kann und dem Martinus Ehefrau.

Besuch hat sich angemeldet, dieses Mal – oh Wunder – aus der Verwandtschaft Katharinas. Es ist ihr Bruder, Hans von Bora. Katharina steht ihm steif und voller Unbehagen gegenüber. Was will er? Sicherlich braucht er Geld. Sein Rock sieht abgerissen aus. Sein Schuhwerk ist ausgetreten. Hans von Bora hatte sich um die Katharina im Kloster nicht gekümmert. Er hatte sich auch nicht gerührt, als sie 1523 durch Briefboten bat, wieder in der Familie aufgenommen zu werden.

Ach was, das soll vergessen sein. Sie hätte ja dann nie den Martinus Luther kennengelernt!

Katharina bittet ihren Bruder, sich zu setzen und schenkt ihm Tee ein. Hans von Bora hat Schulden. Er muss dringend das kleine Gut Zülsdorf verkaufen. Ob Katharina es will? Katharina bekommt rote Ohren. Siebenhundert Gulden will Hans von Bora für Zülsdorf haben. Es haben ist nur ein kleines Gut, das zwei Tagesreisen – über Torgau und Leipzig – elbaufwärts gelegen ist.

Martinus schlägt mal wieder die Hände über dem Kopf zusammen. Sein Herr Käthe will das kleine Familiengut haben! Woher soll er nur das Geld nehmen? Sie bittet Martinus, doch den Herrn Kurfürsten zu fragen. Er wird sicherlich mit den siebenhundert Gulden aushelfen. Zülsdorf ist doch das alte Familien-Kleingut derer von Bora!

„Ein Gut, Martinus, ein Gut! Ich könnte dort Pferde und Kühe und mehr Ziegen und Schafe anschaffen. Das Brotgetreide würde endlich für die große Familie reichen! Habt Ihr vergessen, Martinus, dass wieder vier Waisen dazugekommen sind?" Martinus hat das nicht vergessen. Aber ihm ist es peinlich, den Kurfürsten nochmals um Geld zu bitten.

Katharina bekommt das kleine Gut und wird Herrin von Zülsdorf, wie Martinus sie nun gern auch noch nennt.

***

Zülsdorf liegt zwei Tagesreisen von Wittenberg entfernt. Sie lässt sich mit dem Wagen hinfahren. Ihre beiden Töchter Lenchen und Maruschel nimmt sie mit.

Über Zülsdorf ist sogar der Kutscher erschrocken, als er sieht, wie verrottet alles ist. Das Hoftor hängt schief in den Angeln. Es schließt nicht mehr. Die Torpfeiler sind bröckelig. Dahinter befindet sich ein Hof voller Unrat und das ehemalige Herrenhaus, das jetzt eher wie eine Bruchbude aussieht mit seinen zerbrochenen Scheiben und dem schiefen Dach.

Aus einem Nebengebäude erscheint ein alter, zahnloser Mann, und eine mürrische Frau schlurft in viel zu großen Schuhen heran. Katharina stellt sich als die neue Herrin von Zülsdorf vor. Sie fragt nach den Stallungen und dem Vieh. Die Ställe ducken sich hinter dem Nebengebäude; aber Tiere gibt es keine mehr.

Katharina lässt sich das Herrenhaus öffnen. Mäuse huschen über den Fußboden. Alles ist verstaubt und verdreckt. Warum hat Hans von Bora das nur alles so verkommen lassen? Er hat doch eine Frau und selbst zwei Arme, die zupacken können!

90

Hier ist nichts, aber auch nichts in Ordnung. Notdürftig säubert Katharina mit Hilfe der mürrischen Frau und dem willigen Lenchen die Räume. Ein Tischler wird geholt, der die Türen in Ordnung bringen muss.

In Wittenberg braucht Katharina noch einmal Hilfe und Fürsprache von Martinus. Kurfürst Johann von Sachsen möge doch bitte mit Bauholz für Zülsdorf aushelfen. Der Kurfürst tut es. Sein Kanzler Doktor Brück schimpft.

Zülsdorf wird hergerichtet: In den ausgebesserten Ställen leben wieder Tiere, ein junger Knecht wird eingestellt, der fleißig mit den beiden Pferden das Land pflügt und die Saat ausbringt. Das Gut Zülsdorf erstrahlt bald in neuem Glanz, so dass die Nachbarn darüber reden. Zwar müssen sie sich erst daran gewöhnen, dass ihre eigenen Tiere nicht mehr auf den Weideflächen von Zülsdorf grasen dürfen. Doch bald haben sie Achtung vor der Herrin von Zülsdorf, der Katharina Lutherin, die ja eine geborene von Bora ist.

Zülsdorf wird zwar keine Goldgrube. Doch das Gut wirft bald einen guten Ertrag ab. Katharina ist stolz darüber. Martinus ebenso auf seine ‚Herrin von Zülsdorf‘, auch wenn er es nicht leiden mag, wenn sie manchmal sechs Wochen dort ist.

**

Die beiden neuen Hauslehrer sind tüchtig. Martin und Paul machen im Lernen gute Fortschritte. Hätte Martinus nur ein bisschen mehr Geduld gehabt mit Johannes, ihrem Hänschen. Dass er in der Schule in Torgau ist, schmerzt Katharina sehr. Auch Martinus vermisst seinen Erstgeborenen. Er achtet sehr auf die Bildung seiner Söhne, die Bildung seiner Töchter interessiert ihn nicht so. Katharina hat noch Martinus, Ausspruch im Ohr: „Was das Hausregiment belangt, da sind die Weiber geschickter und beredter, aber im weltlichen und politischen Regiment und Handeln taugen sie zu nichts. Dazu sind die Männer geschaffen von Gott, nicht die Weiber." 'Martinus, das steht so nicht in der Bibel! Das habe ich noch nicht gelesen', denkt Katharina. So sorgt sie dafür, dass auch Lenchen wenigstens in einigen Fächern am Unterricht der Hauslehrer teilnehmen kann. Wenn Mädchen nicht ausgebildet sind, können sie natürlich im weltlichen oder politischen Handeln auch nicht besonders geschickt sein.

Martinus, Martinus. Du musst noch etwas mehr für die Bildung tun! Besonders für die der Mädchen. Denk an die vielen jungen Frauen, die früher im Kloster eine ausgezeichnete Bildung erhielten! Jetzt sind nur noch verschwindend wenige Frauen im Kloster. Auf den fürstlichen Höfen wird zwar weiter unterrichtet. Wo aber bleibt die Menge der Jugend, besonders der Mädchen? Ich will dir nicht Unrecht tun. Ich weiß, dass du dich im Verein mit Philippus um die öffentliche Schulbildung bemühst. Ihr versucht, die Stadträte dafür zu mobilisieren, Schulen einzurichten. Aber das dauert alles viel zu lange! Unsere Töchter sind bald zu alt dafür. Für Lenchen ist es jedenfalls höchste Zeit, kontinuierlich an die Bildung herangeführt zu werden.

Was ist das Planen eines Menschen? Gottes Wille kann so ganz anders aussehen.

Lenchen ist eine sehr liebe Tochter. In besonderer Weise ist sie Martinus ans Herz gewachsen. Er meint, sie sei Katharina ähnlich. Diese ist da ganz anderer Meinung. Lenchen ist viel sanfter. Nie braust sie auf. Immer versucht sie, es anderen recht zu machen.

Martinus stellt fest, dass sie schon länger so blass aus-

Martin Luther und Katharina von Bora im Familienkreis
Kupferstich nach einer zeitgenössischer Zeichnung
© Bildarchiv Preussischer Kulturbesitz, Berlin, 1998

sieht. Ob sie sich bei den Studien zu sehr anstrenge, fragt
er besorgt. Lenchen winkt entschieden ab. Nein, das
Zuhören und Mitarbeiten bei den Lehrern mache ihr
große Freude.

Doch Lenchen hat etwas anderes. Sie ist krank. Sie
bekommt hohes Fieber. Sie ist erhitzt und mag nicht
essen. Ein bisschen Molke mit Zimt gewürzt trinkt sie
durstig. Doch sie erbricht es sofort wieder. Sie hustet. Sie
spuckt Blut. Da wissen es alle: Es ist die Lunge. Doktor

Schurff macht ein ernstes Gesicht. Lenchen klagt nicht, aber ihre Augen glänzen fiebrig.

Noch zwei Tage quält sie dieser böse Husten. Alle leiden mit ihr. Lenchen stirbt. Martinus stößt erschüttert Gebete hervor. Katharina ist zu nichts mehr fähig. Stocksteif steht sie mit starrem Blick am Bett der Toten. Danach weint sie und hadert mit Gott.

Es ist, als ob mit Lenchen der Sonnenschein aus dem Haus verschwunden ist. Gut eine Woche lang ist es düster und traurig im Schwarzen Kloster. Martinus versucht zu trösten: „Weine nicht, Katharina! Lenchen ist bei Gott." Doch des Nachts hört Katharina auch Martinus leise weinen.

Lenchen wird auf dem Friedhof am Elstertor beigesetzt. Dort ist schon das Kindergrab von Elisabeth. Auch Muhme Lene liegt dort begraben und Elisabeth Cruciger. Durch Lenchens Tod besucht Katharina auch diese Gräber häufiger. Die Wittenberger sehen, wie sie Blumen darauf legt und wie die stolze Lutherin weint.

Melancholie

Im Klostergarten sammeln Katharina und Maruschel Raupen vom Kohl ab. Katharina schmerzt der Rücken. Deshalb freut sie sich besonders, als Martinus im Garten auftaucht. Eine kleine Ruhepause auf der Bank unter dem Apfelbaum ist ihr sehr willkommen. Sie läuft ihm entgegen und schlendert mit ihm erst an der Rosenhecke und dem Lavendel entlang. Der Duft ist fast betörend.

Die sonst so häufig blitzenden Augen von Martinus sind leicht getrübt. Er brütet wieder etwas aus, denkt Katharina. Seine Predigt am Morgen in der Stadtkirche hat ihr gar nicht gefallen. Das, was sie da hörte, war kein Evangelium, sondern mehr eine Strafpredigt gegen das Lotterleben in der Stadt, insbesonders gegen die Huren.

Beim Vorbeigehen am Brunnen spült Katharina ihre Hände ab. Maruschel jagt hinter Kohlweißlingen her. Auf der Bank streichelt Katharina mit ihrer rauhen Hand den rechten Handrücken von Martinus.

Ein Brief ist angekommen, von Zells aus Straßburg. Elisabeth Bucer ist gestorben. Auf dem Sterbebett hat sie ihren Mann gebeten, die eben verwitwete Wibrandis Rosenblatt zu heiraten. Wibrandis war in dritter Ehe mit Wolfgang Capito verheiratet gewesen. Die Hochzeit von Martin Bucer mit Wibrandis Rosenblatt fand im April 1542 statt.

Katharina erschauert trotz der nachmittäglichen Wärme. Drei Ehemänner hat Wibrandis verloren. Zwei davon waren bekannte Reformatoren, Oekolampad in Basel und Wolfgang Capito in Straßburg. Wunderliche Zufälle oder von Gott so gewollt? Katharina Zell erzählte ihr damals von Wibrandis Rosenblatt. Sie berichtete auch, dass die Frauen der Reformatoren im Süden sich alle stark verbunden fühlen und zumindest einen brieflichen Kontakt halten.

Katharina sitzt still da und denkt nach. Martinus war auch einige Male sterbenskrank. Und noch viel öfter hat er die Todesnähe gespürt. Wie erschrocken war sie, als er zwei Jahre nach der Hochzeit Bugenhagen zu seiner vermeintlich letzten Beichte rufen ließ. Was wäre aus ihr geworden? Bin ich nicht ohne Martinus ein Nichts, das nur etwas gilt, wenn es wieder verheiratet ist?

„Martinus, die soziale Stellung der Frau muss auch reformiert werden. Ihr sprecht so gut vom Stand der Ehe und von Gottes Gebot ‚mehret euch'. Wibrandis Rosenblatt hat so viele Kinder geboren. Von drei Männern hat sie Kinder, und sie ist jung genug, um mit Bucer auch noch Kinder zu haben. Aber jedes Mal, wenn ein Ehemann stirbt, fällt sie in ein tiefes Loch. Wer ist sie noch? Sie hat die Kinder, gewiss. Aber wie soll sie sie ernähren? Die Reformatoren haben doch alle kein Geld. Zu Lebzeiten haben sie schon Schwierigkeiten, ihre großen Familien zu versorgen. Da geht es uns hier in Wittenberg, wo Ihr Pfarrer und Professor seid, finanziell noch gut." „Hört, hört, mein Käthchen hat einmal genug Geld!"

„Nein ernsthaft, Martinus. Gibt es denn nicht Möglichkeiten, im Sozialgefüge etwas zu ändern? Ihr habt doch so viele Ideen."

„Mein Morgenstern, ich sehe diese Schwierigkeiten auch. Aber ich habe zur Zeit ganz andere Sorgen." Stöhnend lamentiert Martinus über die schlechte Moral im Lande. Er meint nicht nur die sexuelle Moral, über die er am Morgen in der Predigt wetterte. Martinus sieht auch die gesunkene soziale Moral. Früher war es so, dass die nachbarschaftliche Hilfe selbstverständlich war. Die Frauen halfen sich gegenseitig bei Krankheiten, Sterben und Geburt. Jetzt verkommen Menschen im Unglück, ohne dass es jemand bemerkt. Dass Pfarrfrauen sich der Not vieler Menschen annehmen, ist wichtig und christlich selbstverständlich. Doch sollen sie nicht stellvertretend die soziale Fürsorge für Arme und Kranke allen anderen Frauen abnehmen. Das geht manchmal über die Kräfte. „Wenn du nicht so robust wärst, mein Morgenstern, hättest du schon längst reduzieren müssen. So ist es auch bei Katharina Zell und so war es bei Elisabeth Bucer. Sie und ihr Martin haben übrigens viele Beschimpfungen erlitten. Sie sind, wie wir beide, Klosterinsassen gewesen. Der ehemalige Mönch, der die entlaufene Nonne heiratete, wurde nirgends gelitten. Erst Matthäus Zell nahm sie in Straßburg auf. Bucer hielt anfänglich Vorlesungen und erhielt dann durch Zells Einsatz in Straßburg eine Pfarrstelle. Nun ist Elisabeth im Paradies und Martin Bucer hat die dreifache Witwe und bewährte Pfarrfrau Wibrandis Rosenblatt geheiratet."

Wahrscheinlich ist Wibrandis auch eine robuste Frau, denkt Katharina. Und sie findet Gefallen an dem geistigen und geistlichen Leben in einem Pfarrhaus wie sie selbst. Anregungen gibt es genug an der Seite eines tüchtigen Theologen. Das hat ihr auch einmal ihre Freundin Elisabeth Cruciger gesagt.

Martinus und Katharina genießen die Zweisamkeit auf ihrer Bank. Ringsum zwitschern die Vögel, und von den Elbauen her ist das Gequake der Frösche zu hören. Die Ruhe tut ihnen beiden gut. Doch beider Gedanken kreisen um einige Probleme der Reformation wie die Auflösung der Klöster und die Bildung und Versorgung der Frauen.

Die Reformation ist eine Zeit des Aufbruchs, besonders für die Frauen. Sie hören Predigten, lesen in der Bibel, heiraten Priester, verlassen Klöster. Einige gebildete Frauen sind in der Lage, sich schriftlich mit den reformatorischen Gedanken auseinanderzusetzen. Aus der Bibel leiten sie Erklärungen oder Forderungen ab, die in Flugschriften veröffentlicht und wohl auch gern gelesen werden, sonst würde sie ja keiner drucken! Durch die neue Technik haben schließlich Frauen und Männer die Möglichkeit, ihre Schriften drucken zu lassen und nutzen sie. Es gibt Kritiker, die Traktate und Flugblätter von Frauen ablehnen und gar auf das Schweigegebot des Apostels Paulus verweisen. Dagegen steht die Freiheit eines Christenmenschen und das Priestertum aller Gläubigen. Couragierte, kluge Frauen haben genügend Argumente, um sich Gehör zu verschaffen.

Die Aufwertung der Ehe bringt den Frauen mehr Einbindung ins Haus. Nicht alle Ehen verlaufen glücklich. Manche protestantische Frauen sehnen sich nach dem Gemeinschaftsleben, das ein Kloster bietet. Das ist bisher stets eine Alternative zum Familienleben gewesen.

„Übrigens, Katharina, du musst wissen, dass es noch mehr Klöster gibt, als du meinst. Nach evangelischer Meinung sollte niemand gezwungen werden, ins Kloster zu gehen. Aber es gibt auch freiwillige evangelische Klostergemeinschaften. Da bin ich Elisabeth von Braunschweig sehr dankbar. Sie ist nach ihrer Konversion eine tüchtige Protestantin geworden. Mit dem evangelischen Pfarrer Antonius Corvinus hat sie unter anderem eine Klosterordnung erlassen. In ihrem Herrschaftsgebiet werden die Klöster nicht zwangsweise aufgelöst. Wer bleiben will, bleibt, ist aber jederzeit frei zu gehen. Die Mönchs- und Nonnenkleidung soll abgelegt und normale Kleidung getragen werden."

„Oh, Martinus, das ist schön und nützlich. Die Frauen, die nicht heiraten können oder mögen, können freiwillig so eine klösterliche Gemeinschaft suchen. Sie werden Bildung und Gemeinschaft finden. Das ist tröstlich zu wissen."

***

Martinus hat das Leben in Wittenberg satt. Er geht auf Reisen. Katharina ist dieses Mal froh darüber. Die Begegnung mit seinem Freund Amsdorf in Zeitz wird ihm gut tun. Sein Sohn Hans und Caspar Cruciger begleiten ihn. Auf dem Gut Löbnitz, dem Familiensitz derer von Schönfeld, werden sie von Aves Bruder Ernst von Schönfeld herzlich begrüßt und genießen gute Gastfreundschaft. Ebenso bei einem weiteren Freund in Leipzig.

Aus der Stadt Zeitz bekommt Katharina dann einen Brief, der sie erschreckt. Martinus schreibt der „freundlichen, lieben Hausfrau Katharina Lutherin, Herrin von Zülsdorf, Brauerin, Gärtnerin und was sie mehr sein kann", dass er nicht mehr nach Wittenberg, diesem Sodom, zurückkommen möchte. „Mein Herz ist erkaltet, dass ich nicht gern mehr dort bin." Katharina soll alles verkaufen und nach Zülsdorf ziehen. Es wäre für sie zum Besten, wenn sie dies noch zu seinen Lebzeiten tun würde. Doktor Pommer, wie er Pastor Bugenhagen stets nennt, soll in seinem Namen Wittenberg Lebewohl sagen.

Katharina läuft mit dem Brief eilends zu Melanchthon. Auch der ist bestürzt und lässt sich sofort nach Zeitz fahren. Er bringt Martinus in das von Sitte und Moral verderbte Wittenberg zurück.

Abschied

Katharina ist verärgert. Mit Mühe kann sie zornige, böse Worte unterdrücken.

Es ist bitter kalt. Aber Martinus will sofort nach seiner Geburtsstadt Eisleben aufbrechen. Die Grafen von Mansfeld haben sich wegen der Schürfrechte in ihren Minen zerstritten. Eigentlich wollte Philippus Melanchthon versuchen, den brüderlichen Streit zu schlichten. Aber Magister Philippus ist krank geworden.

Martinus ist auch krank. Dass er jetzt nach Mansfeld eilen will, lässt Katharina die Zornesröte ins Gesicht schießen und ihre Stirnader anschwellen. Wie hatte sich Martinus in der vergangenen Nacht in seinem Bett herumgewälzt! Sie fürchtete erst, Nierensteine würden ihn wieder plagen, so schrie er. Aber es waren Beklemmungen in der Brust und Alpträume. Er schlug sich wieder mit Dämonen herum. Er war schweißgebadet, als er aufwachte. Katharina holte frische Tücher und rieb ihm damit den ganzen Körper ab. Sie flößte ihm Beruhigungstee ein und massierte die Brust mit Minzenöl.

Es ist Unvernunft und Leichtsinn, in diesem Zustand und bei diesen eisigen Temperaturen zu verreisen. Auf Martinus' Wunsch sollen die drei Söhne Hans, Martin und Paul den Vater nach Mansfeld begleiten. Dazu zwei ihrer Lehrer. Katharina holt die warmen Pelzmäntel und schleppt Kissen herbei. Dass sich nur keiner erkältet! Dem Paul, der ein pflegerisches Talent hat, gibt sie einen Stoffbeutel mit einer Kräutermischung und ein Krüglein Minzenöl mit entsprechenden Anweisungen mit auf den Weg. Martinus spottet: „Ich habe Sorge, wenn du nicht aufhörst zu sorgen, es könnte uns zuletzt die Erde verschlingen und alle Elemente verfolgen. Lernst du so den Katechismus? Bete du und lass Gott sorgen! Du weißt, es steht geschrieben: Wirf dein Anliegen auf den Herrn, der sorget für dich."

Katharina tut nur etwas beschämt. Sie ist schon beruhigter in dem Wissen, dass einige heilende Hilfsmittel in Pauls Händen sind.

Ganz verloren steht Katharina im Hof und winkt der

Kutsche mit ihren lieben Männern nach. Die Mägde und ihre Tochter Margarethe verschwinden fröstelnd im Haus.

Katharina stellt den Kragen ihres pelzverbrämten Samtmantels höher. Sie will draußen erst ein wenig zur Ruhe kommen. Trotz der empfindlichen Kälte lässt sie sich auf der einen Sitznische des Steinportals nieder, das sie Martinus zum 57. Geburtstag geschenkt hat. Das Portal verleiht dem alten Schwarzen Kloster ein Stückchen Pracht. Das Ehepaar Luther liebt es, sich rechts und links auf die Nischen zu setzen und zu diskutieren und sich über Gott und die Welt zu unterhalten.

Nur leider, leider kommt das nicht oft vor! Auf beide wartet immer zuviel Arbeit. Auf Martinus das Übersetzen oder Aufsetzen von wichtigen Schriften. Auf Katharina die große Wirtschaft, die sie mehr als auslastet. Setzt sie sich mit Martinus auf die Konsole und nutzt die Zeit, um während der Unterhaltung Erbsen auszupulen oder eine alte Hose aufzutrennen, mag Martinus das gar nicht gern.

Recht bald erhält Katharina einen Brief von Martinus. Er schreibt aus Halle, wo sie einige Tage verweilen müssen. Durch große Regengüsse ist die Saale über die Ufer getreten und macht einer Weiterfahrt vorerst ein Ende. Wäre Herr Käthe hier mit dabei, würde er sicherlich auch den Rat geben, den Wasserrücklauf abzuwarten. Das schreibe er extra, um zu zeigen, dass er ihren Rat befolgen würde. Ansonsten trösten sie sich mit Torgauer Bier und gutem rheinischen Wein.

Katharina atmet auf. Es scheint ihm wieder gut zu gehen. Sofort schreibt sie ihm zurück. Sie erzählt ihm von dem verschneiten Garten und ihrem Spaziergang mit Maruschel hinunter zur Elbe, deren Uferränder bizarr vereist sind.

Einige Tage später erreicht Martinus mit Hans, Martin und Paul seine Vaterstadt Eisleben. Doch auf dem Weg dorthin geht es ihm schlecht. Er fühlt sich gar nicht wohl und ist heilfroh, als ihm die Söhne in der Stadt aus dem Wagen helfen.

In Eisleben stöhnt Martinus über das langwierige Geschäft des Verhandelns. Die Grafen von Mansfeld sind nicht so leicht zu versöhnen. Ihm scheint, dass die Hölle und die ganze Welt von allen Teufeln leer sein müssen, da sie alle um seinetwillen in Eisleben zusammen gekommen sind. So fest und starr steht die Sache.

Zehn Tage später wird in Mansfeld ein Vergleich geschlossen. Zurück in Eisleben schreibt Martinus seinem Morgenstern Frau Katharina Lutherin von Bora zu Wittenberg einen zuversichtlich klingenden Brief.

Am Abend des 17. Februars 1546 hat er starke Atembeschwerden. Zwei herbeigerufene Ärzte bemühen sich um ihn, können ihm aber nicht mehr helfen. In der Nacht stirbt Martinus Luther.

Eilboten werden mit der Todesnachricht zum Kurfürsten nach Torgau geschickt. Der Kurfürst sendet seinen Kanzler Brück nach Wittenberg. Johannes Bugenhagen und Philippus Melanchthon versuchen, Katharina die Nachricht schonend zu überbringen.

Katharina ist tief traurig. Da stirbt ihr Martinus in seiner Geburtsstadt. Und sie, die ihm in inniger Liebe zugewandt ist und ihm stets bei seinen vielerlei Beschwerden beigestanden hat, war in seiner letzten Stunde nicht bei ihm. Dieses Wissen belastet und erschüttert sie zuerst mehr als die Tatsache über den großen Verlust. Das kommt erst später.

Die Grafen von Mansfeld möchten Luthers Leichnam

in Eisleben behalten. Hier ist er geboren und getauft worden. Aber der Kurfürst verfügt, dass sein Professor, der Reformator Martinus Luther, an seine Wirkungsstätte nach Wittenberg überführt wird.

Der Tag der Beisetzung ist für Katharina ein schwerer Tag. Der Leichenzug kommt verspätet an. Am Elstertor warten fröstelnd Katharina mit Maruschel, die Freunde und Freundinnen und fast alle Wittenberger auf den Leichnam ihres Martinus Luther.

Da ist der traurige und doch glänzende Zug endlich zu sehen. Die Mansfelder Grafen haben es sich nicht nehmen lassen, den toten Reformator wie einen Fürsten zu begleiten. Über hundert Berittene flankieren den Sarg. Die Glocken der Stadtkirche und der Schlosskirche beginnen zu läuten. Katharina und Maruschel steigen in das kleine Wägelchen, das Wittenbergs Bürgermeister für sie bereitgestellt hat. Vor dem Elstertor formiert sich der Zug neu. Die Professoren und Studenten an der Spitze, danach die Grafen. Hinter dem Sarg reiht der Kutscher das Wägelchen mit der Frau Lutherin und ihrer Tochter ein. Doch vorher stürzen noch die Söhne auf sie zu und umarmen die Mutter. Sie werden nachher von Martinus letzten Stunden erzählen.

Katharina sitzt steif und gerade da. Mit verschleierten Augen starrt sie auf den Zinksarg, in dem ihr geliebter Martinus liegt. Nicht einmal ansehen darf sie ihn mehr. Eine Totenmaske sollen sie in Eisleben von ihm abgenommen haben ...

Die drei Luthersöhne laufen hinter dem Wägelchen her, in dem Mutter und Schwester sitzen. Hinter ihnen gehen die Verwandten. Die Wittenberger folgen, wenn sie nicht wehklagend am Straßenrand stehen bleiben. Der lange Leichenzug zieht durch Wittenberg am Schwarzen

Kloster vorbei und über den Marktplatz zur Schlosskirche. Luthers alter Freund Johannes Bugenhagen hält die Leichenpredigt. Neben der Kanzel sieht Katharina ein schwarzes Loch. Professorenkollegen senken den Sarg hinein, in die Gruft unter den Steinplatten der Kirche.

Allein

Martinus hatte recht gehabt. Es würde für Katharina nicht leicht werden, wenn er nicht mehr da ist. Er hatte deshalb Vorsorge für sie getroffen. Schon vor Lenchens Tod hatte er zu Gunsten Katharinas ein Testament gemacht. Das war ganz gegen die Norm. Üblicherweise erben die Kinder alles. Die Witwen haben sich mit einem Spinnrad und ihren Kleidern zu begnügen. Martinus liebte seine Käthe, er wusste auch von ihrem Drang nach Grund und Boden. Er war ihr dankbar für alles Gute, was sie getan hatte. Auch dankbar für die Kinder, die sie geboren hat. Im Alter soll sie nicht von den Kindern abhängig sein. Sie würde selbst schon genügend für die Kinder sorgen. So bestellte er sie zu seiner Erbin. Er und Bugenhagen und Melanchthon unterschrieben das Testament.

Doch damit ist das Testament noch längst nicht rechtskräftig, wie sich nun herausstellt. Kein Jurist hatte es unterschrieben, und der Kurfürst hatte auch nicht gegengezeichnet. Im Testament bittet Luther, dass der Kurfürst und seine Freunde die Witwe Katharina schützen mögen. Und der Kurfürst schützt sie. Er gibt dem Testament Gültigkeit. Zwar sind da auch noch andere Unannehmlichkeiten. Da soll ein Vormund für Katharina und die Kinder eingesetzt werden! Katharina, die selbstbewusste und selbständige Frau, soll einen Vormund erhalten!

Auch die Kinder wollen sie ihr nehmen. Martin und Paul soll sie in ein Internat geben. Hans soll an den Hof des Kurfürsten kommen. Doch Hans will weiter studieren. Sie kämpft um ihre Kinder. Schließlich gesteht ihr der Kurfürst zu, dass sie weiter für die Kinder sorgt. Hans studiert wieder Jura und Martin beginnt mit dem Theologiestudium. Der Kurfürst ist stets auf der Seite von Katharina. Aber sein Kanzler Brück ist der Meinung, dass sie sich einschränken solle.

Als das Gut Wachsdorf zum Kauf angeboten wird, setzt sich Katharina durch. Es liegt so nahe bei Wittenberg. Sie will doch wieder die Burse aufmachen. Sie kauft es – wieder gegen den Willen von Kanzler Brück. Der hätte am liebsten das Schwarze Kloster verkauft. Zum Glück findet er aber keinen Käufer.

Doch gibt es noch größere Unruhen. Es ist, als ob nach Martinus' Tod alles in Unordnung gerät. Schon ein Jahrzehnt lang drohte die Gefahr eines Türkeneinfalls im Osten. Der Kurfürst hatte deshalb die Stadt Wittenberg stärker befestigen lassen. Der Schutzwall wurde beträchtlich erhöht. Wegen der Auseinandersetzungen mit den Türken und den Franzosen konnte der Kaiser die protestantischen Fürsten nicht bekämpfen, denen er schon 1530 ein Ultimatum gestellt hatte. Er brauchte sie ja für seine Interessen.

Doch nun bricht der Schmalkaldische Krieg aus. Die kaiserlichen Truppen rücken nach Wittenberg vor. Plündernde, mordende Soldaten werden gemeldet. Hans kämpft bei den Truppen des Kurfürsten gegen Karl V. Katharina flieht mit den anderen Kindern nach Magdeburg.

Die Flucht macht Katharina erst richtig deutlich, wie schwer es eine Witwe und die Waisen haben. Menschen, denen sie im Schwarzen Kloster große Gastfreundschaft erwiesen hat, schließen vor ihr die Tür. Sie erfährt Enttäuschung und Undank.

Als nach einem Monat der sächsische Kurfürst Johann Friedrich sein Land wieder zurückerobert, fährt Katharina erleichtert nach Wittenberg zurück. Innerhalb der Stadt stehen noch alle Gebäude. Nur die Gärten sind niedergetrampelt und verwüstet worden.

Kaum hat Katharina das Kloster von allem Unrat gesäubert, kehren die kaiserlichen Truppen zurück. Erneut flieht sie mit ihren Kindern. Wolf bleibt wieder zurück.

Sie erwägt, zu Christian III. von Dänemark zu gehen, um dem Kriegsgeschrei in Deutschland zu entkommen. Christian von Dänemark hat im treuen Gedenken an Martinus Luther nach dessen Tod monatlich fünfzig Gulden überwiesen. Doch Freunde raten ihr von der Flucht nach Dänemark ab.

In Braunschweig erfährt sie mit Bestürzung, dass eine Schlacht zwischen Karl V. und ihrem Kurfürsten Johann Friedrich stattgefunden hat. Der Kurfürst, genau wie sein Vater und sein Onkel ihr Gönner und Martinus' großer Förderer, wird besiegt und gefangen genommen. Er muss dem Kaiser Wittenberg übergeben und wird in die Verbannung nach Weimar geschickt. Der treue gemeinsame Freund Lucas Cranach folgt ihm dahin.

Katharina ist traurig. Außerdem sorgt sie sich um ihren Sohn Hans.

Die Kaiserlichen ziehen sich zurück. Die Lutherin kann mit ihren Kindern wieder nach Wittenberg zurückkehren. Auch Hans kommt wohlbehalten aus dem Krieg nach Hause. Erleichtert spricht Katharina zusammen mit ihren drei Söhnen und Tochter Margarethe ein langes Dankgebet.

Erneut geht es ans Aufräumen und ans Aufbauen. Die Güter sind verwüstet und alles Vieh ist abgeschlachtet. Mit Mühe ist Vieh zum Kauf aufzutreiben. Auch das Futter und das Saatgut ist aufgebraucht. Die Vorratskeller sind leer. Schwere Wochen und Monate stehen bevor. Die Saatkörner, die Katharina bekommen kann, sät sie sofort mit Wolf auf den Feldern von Wachsdorf aus. Zülsdorf liegt zu weit entfernt. Bei den noch überall verstreuten und marodierenden Soldaten kann sie es nicht wagen, dorthin zu eilen.

Katharina macht wieder die Burse auf. Studenten aus Gebieten, die vom Krieg verschont blieben, bringen am Anfang Nahrungsmittel mit. Aber Katharina fehlt der Elan für eine vielseitige Beköstigung. Während der Mahlzeiten wird jetzt mehr dem Essen zugesprochen, obwohl es so viel einfacher zubereitet ist. Die tiefsinnigen Gespräche fehlen. Der Professor Martinus Luther fehlt!

Ab und zu zanken sich die Studenten oder machen sich lustig über einen Lehrer an der Universität. Auch Lachen kehrt wieder ein im Schwarzen Kloster, aber nicht mehr so wie früher.

Die Zeiten bleiben unruhig. Katharina ist glücklich, dass Hans in Königsberg studieren kann. Paul möchte gern Medizin studieren. Sie freut sich darüber, denn Paul hat eine feinfühlige Art. Außerdem hat er ihr schon immer beim Mixen von Tinkturen interessiert zugeschaut.

Katharina muss nach all dem wieder einmal an ihre Zeit im Konvent denken. Sie hatte im Kloster Marienthron die Möglichkeit, viel über Heilkunst zu lernen. Als junge Nonne sah sie dies gar nicht als großes Bildungsangebot an. Aber wie wichtig ist dies für sie geworden! Wo bekommen Mädchen heutzutage medizinische Kenntnisse vermittelt? Schade, dieses Problem hat sie mit Martinus nicht durchgesprochen! Ihr Martinus fehlt ihr auch als Gesprächspartner so sehr. ‚Martinus, unser Sohn Paul kann jetzt Medizin studieren. Die Universitäten bieten es an. Aber warum nicht auch unsere Tochter Margarethe? Den Mädchen ist leider der Zugang zu allen Fakultäten verschlossen. Sieh' mal, wenn ich nicht im Kloster gewesen wäre, und wenn Muhme Lene nicht im Kloster gelernt hätte, mit Heilkräutern und heilenden Säften und Wurzeln umzugehen, hätten deine beiden Frauen von Bora dir bei deinen vielen Beschwerden nicht helfen können. Martinus, warum werden die Frauen nicht zugelassen? Du bist viel zu früh von uns gegangen. Vielleicht hättest du noch etwas ändern können!'

***

Im Jahre 1552 bricht in Wittenberg wieder die Pest aus. Die Ratsherren von Torgau bieten Katharina an, mit den Universitätsangehörigen nach Torgau zu kommen. Aber Katharina will nicht schon wieder aus dem Schwarzen Kloster fliehen. Mit Martinus hat sie hier zweimal die Pest überstanden. So ziehen sie und ihre beiden Jüngsten nicht mit den Professoren und Studenten nach Torgau. Katharina ist auch in beträchtlichen finanziellen Nöten. Sie hat immer wieder Geld zur Anschaffung von Tieren gebraucht. Soll sie das alles wieder aufgeben?

Erst als auch im Schwarzen Kloster die Pest ausbricht, entschließt sich Katharina schweren Herzens, mit Paul und Margarethe nach Torgau zu fahren. Ihr fehlt die Kraft, wochen- oder gar monatelang Pestkranke zu pflegen. Sie hat nicht mehr ihren Martinus neben sich, dessen starke Arme ihr immer wieder Kraft und Geborgenheit vermitteln konnten.

Der Kutscher spannt den Planwagen an. Schweren Herzens besteigt Katharina das Gefährt, in dem auch Paul und Margarethe Platz nehmen. Traurig sehen alle drei auf das Schwarze Kloster zurück. Immer wieder Flucht.

Aus irgendeinem Grund scheuen unterwegs die Pferde. Katharina will sie zurückhalten und springt vom Wagen. Sie gerät dabei in einen Graben und verrenkt sich ihr Bein. Paul und Margarethe helfen ihr mühevoll in den Wagen zurück. Mit großen Schmerzen trifft sie in Torgau ein. Sie ist ohne Geld, ohne eigenes Heim, ohne Lust, weiterzuleben. Aber sie hat große Schmerzen. Sie hat sich wohl den Oberschenkelhals oder das Becken gebrochen. Laufen kann sie nicht mehr. Sie muss von ihrer Tochter Margarethe gepflegt werden.

In ihren letzten Stunden wird noch einmal ihr unverbrüchliches Vertrauen auf Jesus Christus deutlich. Margarethe hört, wie sie leise spricht: „Käme Christus jetzt hier vorbei, ich hängte mich wie eine Klette an sein Kleid. Hilf mir, Herr Jesus!"

Am 20. Dezember 1552, drei Monate nach ihrem Sturz, stirbt Katharina in Torgau. Unter der Anteilnahme der Wittenberger Universitätsangehörigen, die wegen der Pest noch in Torgau verweilen, wird Katharina in der Stadtkirche St. Marien beigesetzt.

Zeittafel

29. Jan. 1499	Geburt von Kaharina von Bora
1505	K. kommt auf die Klosterschule in Brehna
1509	K. kommt ins Kloster Marienthron in Nimbschen
1523	K. flieht mit acht Nonnen aus dem Kloster
1524/25	Bauernkrieg
Im Juni 1525	heiraten Katharina und Luther
Anfang 1526	Muhme Lene (Magdalene von Bora) kommt ins Schwarze Kloster
7. Juni 1526	Geburt von Johannes (Hänschen)
Sommer 1527	Pest in Wittenberg
10. Dez. 1527	Geburt von Elisabeth
3. Aug. 1528	Elisabeth stirbt
1528/29	Aufenthalt der Herzogin von Münsterberg im Schwarzen Kloster
4. Mai 1529	Geburt von Magdalene (Lenchen)
Sommer 1530	Luther auf der Veste Coburg / Reichstag in Augsburg
9. Nov. 1531	Geburt von Martin
28. Jan. 1533	Geburt von Paul
1534	Bibelübersetzung abgeschlossen
17. Dez. 1534	Geburt von Margarethe (Maruschel)
1537	Pflege der kranken Kurfürstin von Brandenburg